ドイツの自然風景

上：アルプスのハイキングコース
（バイエルン州）

中：ライン川と古城
（ラインラント＝ファルツ州）

下：クラインガルテンの一例
（ベルリン市内）

スウェーデン
バルト海
ポーランド
オーデル川
ベルリン
ザーレ川
エルツ山地
チェコ
イーザル川
ミュンヘン
ドナウ川
ウィーン
スロバキア
オーストリア
ハンガリー
スロベニア
クロアチア
地中海

ドイツとその周辺
作画：マカベアキオ

ロマン主義の影響を受けた絵画

（第5章）

C.D. フリードリヒ 作

右：《霧の上の放浪者》
1817-18 年頃

下右：《雪中の樫の木》
1829 年

下左：《森の中の猟兵》
1814 年

森と山と川でたどるドイツ史

池上俊一 著

岩波ジュニア新書 817

はじめに

皆さんは、「ドイツ」という国にどんなイメージがありますか？　その食文化を代表する「ビールとソーセージ」が思い浮かぶ人、あるいは「音楽の国」や「環境先進国」、最近では「サッカーの強豪国」という人もいることでしょう。

ドイツという国を考えるとき、私はいつも「自然との深い関わり」を思い浮かべます。もちろん、地球上にあるどの国・地域でも人間は自然なしには生活できませんし、美しい自然景観の称揚と保護なら、多くの国が実行していることでしょう。

私が注目したいのは、ドイツ人は古くから自分たちの「生の基底」としての自然と向き合い、その仕組みを深く深く掘り下げて理解しようとしてきた点です。彼らは人間存在や文化の理想像を、自然と一体化しあるいは深く交流することで、作り上げようとしてきました。

国境で区切られた「国民」よりも血でつながれた「民族」を、柔軟で表面的な「文明」よりも堅固で深みのある「文化」を重んじてきたこと、そして彼らの地では、理性や合理主義を根幹とする啓蒙《けいもう》思想が根づかず、神秘主義やロマン主義、有機体的世界観が幅をきかせたことも、注視しなくてはなりません。

こうしたドイツ人の思考やヴィジョンは、彼らの現実の行動や態度とも関係しています。彼らは、その始祖たるゲルマン人の時代から、森を生きる糧《かて》のつまった場、生命力がたたえられた場としてとらえて、狩猟採集に励んできました。現代でも多くの人が森林浴や森の中での散策を楽しい日課としています。同様に山についても、近世から近代にかけて、鉱山業が富の源泉となって経済を支えただけでなく、山や洞穴が他国にはない豊かな伝説や思想を生みだしてきました。川についてもおなじことが言えます。

医療に着目してみれば、自然のバランスを身体にとり戻すことが治療の目標だと考えられ、中世では薬草研究、近代になると湯治《とうじ》というように、自然物の摂取《せっしゅ》・接触による治癒《ちゆ》が追求されてきました。現代のドイツ人のエコ・有機好き、自家菜園ブーム、反原発——これらも、ずっと昔からの自然への関わり方のモダンな現れと言えます。

自然との深い関わりは、ドイツの地理的環境が作用している面もあるでしょう。南西部に位置するシュヴァルツヴァルト(黒い森)をはじめ、国土全体に森が豊富で、南部と中部を中心に多くの山地を擁《よう》しています。そしてライン川、ドナウ川、エルベ川をはじめとした大河が大動脈となって、人々の生活を支えてきました。

しかしながら、自然環境だけで国民性ができあがるわけではありません。古代・中世からの長い「歴史」が作用している点も見逃してはならないのです。ドイツの前身である神聖ローマ帝国(一〇~一九世紀)は、フランス、イングランド、スペインで可能であったようには国境が自然と定まることなく、ずっと遅くまで何百という領邦《りょうほう》に分裂したままでした。一六世紀の宗教改革後は領邦ごとに「国教」が決められ、個人が選択できる安定した信仰がなくなってしまいました。その結果、超越的なアイデンティティーを得られなくなったことが、ゲルマンの始原にまでさかのぼる「民族」へのあこがれを生みました。

そして、ゲルマン民族の「血」を受け継ぐドイツ人たちは、ギリシャ・ローマの文物やキリスト教、それらから派生した諸制度などの伝統にではなく、それらを超えた、ゲルマン=ドイツの「自然」にアイデンティティーを求めるようになっていったのです。

そこで本書では、こうしたドイツとドイツ人のあり方をもたらすことになった「歴史」に、「自然」との関わりの観点から光を当てていきたいと思います。とくに重要なのは、森と大地(とくに山)、そして大地の上を流れ、湧き出る水(とくに川)の三つです。ドイツではそれぞれの時代の政治・社会・経済・文化・宗教が、こうした自然環境と密接に結びついて展開していきました。これほど自然との緊密な関係が顕著なヨーロッパの国は他にない、ということを明らかにし、近現代のドイツ人の精神や生活態度を特徴づける土台のありかを探っていくつもりです。

ドイツ人と自然との深い関係は、ポジティブに作用した面と、ネガティブに作用した面があると思います。後者については、自然保護にきわめて熱心だったナチ・ドイツの第三帝国が、同時におぞましいユダヤ人迫害に手を染めたことを考えるだけで十分でしょう。

では、長い歴史がもたらしたドイツ固有の特性を消してしまわずに、ポジティブな面を伸ばしていくにはどうしたらよいのでしょうか？　起源から現代まで歴史をたどることによって、そのヒントを見いだしていきたいと思います。

目　次

目次

第１章

ゲルマンの森とその支配

聖エウスタキウスが，森の中で奇跡のシカに出会う

地勢と気候

はじめに、現在のドイツ(オーストリアやスイスを含むドイツ語圏)の地勢・風土を概観してみましょう。それが「自然」との深い関わりをもつようになるベースだからです。

ドイツは地質学的にも気候学的な条件からも、豊かな森に恵まれた地域です。隣国フランスのように、もともと草原が主流という土地柄ではありません。この鬱蒼《うっそう》たる森の広がりと、それに従うように生える植物群。豊かな水量を誇るいくつもの大河川。南部や中部の山岳地と、そこに眠る豊富な鉱物資源。これらがドイツの農村や都市の生活模様を定め、やがて産業発展を支えるとともに、長期にわたって変えがたい思考のパターンを決めていきました。

現代のドイツは、一九九〇年に旧東西ドイツが統合されて東西に広がったものの、まだ南北に長く伸びています。といっても日本やイタリアのような細長さではなく、ところどころ凸凹した、やや縦長な長方形といった感じです。こうしたことから、ドイツの気候風土を紹介するには、まず「南北の区別」が重要です。総面積は、じつは日本(三七・八万㎢)よりも少し狭く、三五・七万㎢です。ちなみに人口は約八一〇〇万人、やはり日本よりやや少ないものの、欧州では伊・英・仏などよりも多く、ロシアに次いでいます。北は北海およびバルト海、南はアルプスに仕切られています。

北部は、人類史の最初期である二万年ほど前には、氷河でビッシリとおおいつくされていました。乾燥した丘なす砂地と粘土質《ねんど》の土地が多く、日照も弱くて、寒冷な気候の荒れ地や湿原が広がっています。当然、全体として土地はやせています。しかし、北海沿岸の沼沢《しょうたく》地帯は、乾燥した砂地にいたるところまでは地味が豊かで、とくに中部に接する部分は肥沃《ひよく》な農村地帯になっています。また低地なので、多くの湖沼も擁しています。

中部は丘陵地帯で、石灰岩と赤色砂岩が主要な岩石です。東側には一〇〇〇m級の高い山岳があり、この山岳・丘陵地帯がドイツを北と南に大きく分けていると言ってもよいでしょう。西側にはいくつもの山地、山脈があり、また中央にはハルツ山地が屹立《きつりつ》しています。東側にも、レーン山地からエルツ山地まで、いくつもの山地・山脈が隊列をなしています。中部ライン渓谷とヘッセン低地が、自然の作った南北交通の要路となっています。

最後に南部です。ここには西端に伸びるシュヴァルツヴァルト(黒い森)を筆頭に森林が広がっていて、標高も一五〇〇mほどあります。主要な岩石は砂岩や石灰岩です。一番南には南ドイツ・アルプスの山麓《さんろく》地帯が伸び広がり、そこにはシュヴァァーベン＝バイエルン高原のボーデン湖をはじめとした大きな湖がいくつもあり、丘陵も点在していて、そのコントラストが見事です。景観の主役は湿原地帯と広大な堆積平野で、穏やかな丘陵を擁して豊かな土壌を誇っています。さらにミュンヘンを中心都市とするバイエルン州は、ドイツ・アルプスの一部をなすバイエルン・アルプスをも抱えていて、三〇〇〇m級の山があります。こちらは片麻《へんま》岩・花崗《かこう》岩などが主要な岩石になっています。

ドイツには、ライン川、ドナウ川、エルベ川のほか、マイン川、ヴェーザー川、オーデル川、シュプレー川、ルール川、ザーレ川、モーゼル川など大きな川が縦横に走り、それらがさまざまな形で農業、商業、工業などの産業発展に貢献するとともに、ドイツ人の美意識や自然愛を育ててきました。

このように、ドイツには広大な森、高山・低山が数多くあり、その間に平野も広がっています。そしていくつもの大きな川が縫うようにして流れ、変化に富む、美しい景観を各地で愛でることができるのです。

では、気候はどうでしょうか。「温暖」というには涼しすぎ、冬の寒さはこたえます。大西洋の海洋性気候と東部ユーラシア大陸の大陸性気候の間にはさまれた、いわゆる偏西風気候で、どの都市でも夏の最高気温の平均が二〇~二四度くらい。雨季と乾季にはっきりと分かれず、一年中、雨が降ります。もちろん高山地帯などは、より厳しい気候にさらされています。

ドイツ民俗学の祖の一人でジャーナリストでもあったW・H・リール(一八二三〜九七年)は、ドイツの地勢、河川体系、気候、植生タイプを大きく三分割しています。そして、習慣、農業方式、社会生活、信仰形態などと、地理的環境とを結びつけ、さまざまなタイプのドイツ人がいることを、自然史的に描いています。

私はそこまで決定論的な気候風土の影響があるとは思いませんが、それでも、文化や社会、ひいては歴史の土台として、地理的環境の影響は無視できないと考えています。ドイツ人にはドイツ人なりの「自然」との関わり方があり、それは「歴史」に規定されるとともに、「歴史」を創る基底にもなっていったのです。

ゲルマン人の侵入とローマ帝国の滅亡

ではここで、古代から中世初期までのドイツの歴史をたどってみましょう。といっても、ドイツという「国」は一九世紀にいたるまでどこにもなかったので、「将来、ドイツになるその土地の歴史」ということになります。

ドイツ人の祖先というと「ゲルマン民族」を連想しますね。ゲルマン民族とは、原住地が北ドイツと考えられているインド＝ヨーロッパ語族で、紀元前三世紀頃から南下してきて、北ゲルマン、西ゲルマン、東ゲルマンなどに分かれていました。深い森と湖沼の地にいくつもの集団を作って生活をし、移動を常として、より豊かな土地をめざしました。

紀元前二世紀末頃より一部の部族がガリア（ほぼ現在のフランスに相当）やイベリア半島などローマ帝国の領内にまで入ってきたことによって、両者は不穏な関係になったこともありますが、大きな紛争にはいたりませんでした。また帝国内に定着したゲルマン人たちがローマの兵士として働き、あるいは農民になって、両者が平和裏に暮らしていた側面があったことも見落としてはなりません。

しかし次第に対立が激しくなっていったのは事実です。西暦九年にはローマのゲルマニア総督たるウァルスがゲルマン人に攻撃をしかけ、逆にトイトブルクの森（エムス、ヴェーザー両川間）で、アルミニウス率いるゲルマン連合軍に全滅させられる事件がありました。

ゲルマン人の侵攻を防ぐために、ローマはドナウとライン両大河をつなぐ防御施設として、リーメスと呼ばれる木柵、深溝、土塁《どるい》の三要素からなる長城の要塞《ようさい》線を建造しました。これは紀元九〇年頃から建設が始められ、七十余年かかってようやく完成しました。

長らく大規模なゲルマン人の侵入を防いでいたローマでしたが、内政の乱れもあり、三世紀になるとヨーロッパ北部から南へ西へとゲルマン諸部族が移動しはじめ、さらに四世紀後半にゲルマン人が大挙して移動してきて、大混乱におちいります。これがいわゆる「ゲルマン人大移動」です。ドナウ川の北にいたゲルマン人の一派ゴート族が、さらに東にいたフン族に押されてドナウ川を渡り、大量にローマ領内に南下・移動してきたのです。

ローマ帝国は三九五年の皇帝テオドシウス一世の死後、東西に分裂しました。そして四一〇年には、アラーリック率いる西ゴート族がイタリア半島に来てローマに襲いかかります。ライン地方に駐屯していたローマの部隊が呼び返されたため、そこにできた空白地帯には、ライン川右岸の中・下流域からサリ系フランク人が入ってきて、まるで玉突きのように諸部族が移動することになりました。

「ドイツ」に着目してみると、フランク族の一支族のほか、テューリンゲン族、ザクセン族、アレマンネン族、バイエルン族、ランゴバルド族なども将来のドイツの国土にやって来ていました。ローマ帝国はというと、ますます混乱を極め、ローマ親衛隊司令官だったオドアケルがゲルマン傭兵《ようへい》たちの支持を取りつけ、四七六年には最後の皇帝ロムルス・アウグストゥルスを廃位、西ローマは滅亡してしまうのです。

フランク王国の建国と分裂

こうして、ローマ時代から中世への移行期が始まりました。ヨーロッパ地域に割拠《かっきょ》したゲルマン諸民族のうち将来のドイツやフランスにとって最も重要であったのが、フランク王国を建てることになるフランク人です。

まず、五世紀末にフランク王国最初の王朝メロヴィング朝ができ、初代の王クローヴィス(在位四八一~五一一年)の時代にカトリックに改宗。ライン川からガロンヌ川まで版図《はんと》を広げて大成長しました。しかしその後、分割相続のために四つの分国が成立します。東ゴート王テオドリックが五二六年に死亡すると、フランク王国は支配領域拡張のため南に転じてブルグント王国を征服。またプロヴァンスも東ゴート王国から獲得して、ガリアのほぼ全域を支配下に収めました。

その頃ドイツの国土にはザクセン族が北ドイツに、アレマンネン族が南ドイツに、テューリンゲン族が中部ドイツに、バイエルン族が東南ドイツに、フリーゼン族がライン河口・低地地方に、それぞれ部族国家を作っていました。

メロヴィング朝では、その後も分国間の争い、貴族勢力の台頭・反抗と、安定した統一国家はなかなかできませんでしたが、やがて東分国(アウストラシア)では、宮宰職《きゅうさいしょく》を通じて実権を強くしていったピピンの一統が覇権《はけん》を握ります。六七九年頃に宮宰になったピピン二世の息子が、名君として名高いカール・マルテルです。そして七五一年、カール・マルテルの息子ピピン三世（小ピピン）によるクーデターで、メロヴィング朝は崩壊します。

ピピン三世の開いたカロリング朝は、カール・マルテルの孫のカール大帝（在位七六八～八一四年）によって大きく成長します。カール大帝を中核とするカロリング朝は、教会や聖職者とタッグを組みつつ王国の運営統治にあたりました。その政策の数々はカピトゥラリア（勅令《ちょくれい》集）にまとめられ、ゲルマンの習俗を改めてキリスト教を浸透させようと、生活のありとあらゆるレベルに細かに介入しました。またバイエルン、ザクセンなどゲルマン部族王国が、カールの時代にフランク王国に服属していくことになります。

八四〇年にカール大帝の息子ルートヴィヒ敬虔《けいけん》帝が死去すると、八四三年にフランク王国を三つに分割して相続することを定めたヴェルダン条約が結ばれます。

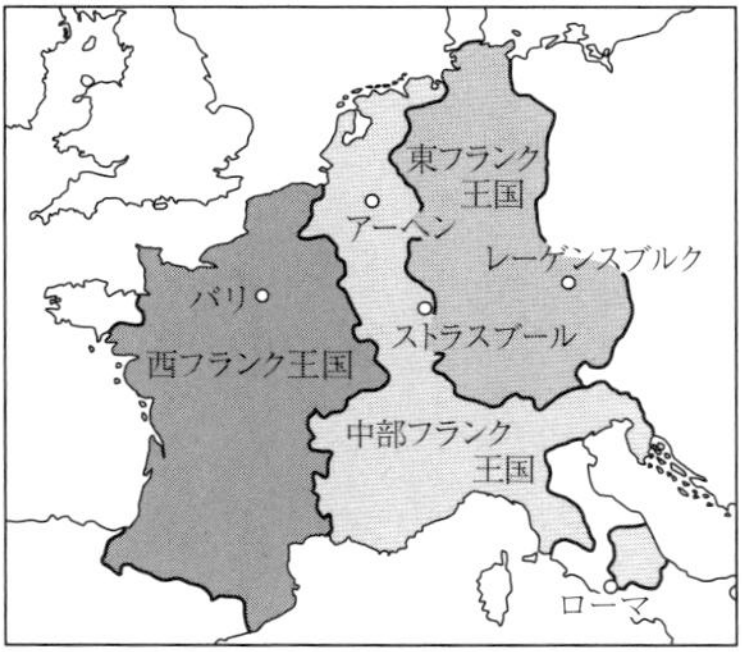

1-1　ヴェルダン条約（843）後のフランク王国

長子ロタールはイタリア王となり、中部フランクおよび北イタリアを、ルートヴィヒはゲルマン地域たる東フランクを、シャルル禿頭王《とくとう》は西フランクをそれぞれ治めることになりました（図1-1）。そして八七〇年、メルセン条約がロタールの死後結ばれ、ロートリンゲン（中部フランク）が東西に分割されました。東フランクに東部のロートリンゲンを合わせたものが、ほぼ後代のドイツの版図になる、と考えてよいでしょう。

神聖ローマ帝国誕生

しかしフランク王国では、宗教的・文化的にはともあれ、政治的にはごく一時的な「統一」を見ただけで、すぐさま封建的な分立が際立つようになります。ドイツ（東フランク）にかぎってみても、全ドイツ統合の中央集権的組織はなくなり、部族時代の名残を伝える公国がいくつもできたのです。そこに、東からマジャール人、北からはノルマン人が侵入し、都市や教会を略奪しました。

フランケン公だったコンラートが、九一一年、部族諸侯や司教らに推されて東フランク王国の王になりましたが、あまり力はありませんでした。コンラートは別の部族、ザクセンのハインリヒに王の権標を渡すよう遺言《ゆいごん》して亡くなり、九一九年ザクセン朝が始まります。能力のあったハインリヒは、南ドイツのバイエルン人を押さえるのに苦労しつつも、九三三年にリヤドでマジャール人を撃破して休戦条約を結び、毎年貢《みつ》ぎ物を納めるかわりに略奪を止めさせることに成功します。その間に、国の防備もかためられていきました。

1-2　玉座のオットー２世

　このハインリヒの子が、オットー(在位九三六～九七三年)です。オットー大帝とも呼ばれる偉大な王です。オットーは九三六年にまず東フランク国王として即位し、九五五年にはレヒフェルトの闘いでマジャール人に大勝利しました。九六二年に教皇ヨハネス一二世によってローマで「皇帝」として戴冠《たいかん》、神聖ローマ帝国の担い手となります。したがってオットーは、じつに一八〇六年まで続く「ローマ帝国」の第二の復興者にして実質的な「神聖ローマ帝国」の創始者(形式的にはカール大帝の戴冠に起源)ということになりましょう。皇帝は、ローマ皇帝を引き継ぐとともに、キリスト教世界の守護者でもあって、キリスト教世界には唯一人しかいませんでした。ですから皇帝は、国王よりもはるかに大きな権威を備えていたのです。

オットーはしばしば国王に反抗的な態度をとる部族勢力を掣肘《せいちゅう》するべく教会と手を結ぶことにして、司教たちを優遇し、世俗の権限と役職をも任せました。聖職者は独身だったので、相続をめぐる争いを避けられるというメリットもありました。読み書きのできる聖職者は行政能力が高く、オットーは彼らを全国的に国王官僚化しました。その上で、教会や修道院を王の財産・領地とみなしたのです。この体制は「帝国教会政策」と名付けられました。

ドイツの皇帝は、フランスやイングランドのような血縁による世襲《せしゅう》ではなく、「選挙」で決められるのが原則でした。これは、王国の不安定要素として絶えずつきまといます。幸いザクセン朝は四代まではうまく子孫に帝位を確保できました。しかし四代目のオットー三世には子がなく、一〇〇二年、初代ハインリヒ一世の曾孫《ひまご》のバイエルン公がハインリヒ二世(王位一〇〇二〜、帝位一〇一四〜二四年)としてザクセン家を継ぐことになりました。その後、男子相続人はもうおらず、選挙になりました。そして貴族と高位聖職者らによってフランケンのコンラートが選ばれ、ザリエル朝へと王朝が交替します。

コンラート(王位一〇二四〜、帝位一〇二七〜三九年)は皇帝として諸民族の君主たる自恃《じじ》の念をもっていましたが、各領邦の反発をかい、皇帝のイタリアへの南下はドイツ諸侯の反乱をも引きおこしました。だからといってドイツに戻ればイタリア半島が不安定になってしまいます。東方政策とともにイタリア政策も遂行《すいこう》せねばならなかったところに、ドイツ国内を落ち着いて安定させられない、中世のドイツ皇帝の悩みがありました。

ザクセン朝以後、ローマ「帝国」の「皇帝」は、ドイツ王が兼ねることになります。教皇の権威と皇帝の権威が、ふたつの焦点となる楕円《だえん》のようにして、ヨーロッパ世界を中世末までまとめていったのです。

ゲルマンの森とその神話

しかしドイツ(人)には、「帝国」という至上の権威を有する政治的な参照軸《さんしょうじく》のほかに、もうひとつの参照軸がありました。それが「自然」です。いつも「自然」をアイデンティティーの拠《よ》り所にする、という態度にみられる、現実の自然との濃厚で太い関係が、中世から近代までのドイツ(人)を特徴づけています。

ドイツ(人)にとって、とくに関係の深い自然が「森」です。ゲルマン人らは、自然崇拝《すうはい》の多神教を奉じていました。そして神々を「ヴァルハラ」という天国にいるとし、そこは、名誉に囲まれて死んだ兵士・英雄の住処《すみか》でもあったのです。教会のような固定した祭祀《さいし》の場はなく、彼らは巨石、泉、巨木などの自然物を崇拝の対象としていました。

フランク人は比較的早くキリスト教に帰依《きえ》し、とりわけカロリング朝のカール大帝は、王国の統治を教会と協力して行う方針だったので、異教にとどまる民族に戦争をしかけ、頑強に抵抗していたザクセン族を打倒し、洗礼を受けさせました。また彼はカピトゥラリア(勅令)の中で異教的慣習を攻撃し、教会当局も公会議や司教区教会会議をくり返し開いて、ゲルマン古来の迷信を改めることを命じます。

アイルランドやブリテン島から布教家たちがやって来て、ゲルマン人を改宗させる動きもありました。この時代、ドイツ領域でとりわけ刮目《かつもく》すべき人物は、「ドイツ人の使徒」と呼ばれたボニファティウス(六七五頃〜七五四年)です。イングランド生まれの彼は、ドイツの多くの民族を改宗させました。

こうして異教からキリスト教へと改宗し、異教の神殿がキリスト教の教会となり、キリストの教えが広まっていく……と、考えられるかもしれません。しかしこの「キリスト教化」は、ドイツ領域ではフランスやイングランド、あるいはイタリアより、ずっと遅れたように見えます。その大きな理由は、ドイツでは森林がことのほか広大に広がり、その森と住民の生活・心性が、不可分に結びついていたからではないでしょうか。しかもこの「森の心性」は、その後の長い歴史の過程でいったん消えたと見えても、「ドイツ民族」イデオロギーとして近代になってもくり返しよみがえってくるのです。

時代をさかのぼってみると、ローマの歴史家タキトゥス(五五頃～一一五年頃)は、その著書でゲルマン人の風俗習慣を描いています。とくにゲルマン人が「森の民」であることが強調され、このような記述が見られます。

一定の時日に同系(スエービー)の支族すべてが、祖先の占鳥や古代からの畏敬《いけい》のゆえに神聖なる森に、使節を介して集合し、公に人身を犠牲《ぎせい》に供して野蛮なる祭祀の戦慄《せんりつ》すべき序式(primordia)を執行する。のみならず、この森にはなほ他の崇敬も払はれ、何ぴととといへどもみづからは神より卑小《ひしょう》なるもの、神の力を認知せるものとして鎖《くさり》に縛られることなくしては此処《ここ》に足を踏み入れることがない。

(『ゲルマーニア』田中秀央・泉井久之助訳、岩波文庫)

中世のドイツの住民は、もちろん狩猟採集で生きているわけではなく、むしろ農耕民でした。しかし農耕の民であることと古代的な「森の心性」が同居することは、いささかも矛盾していません。むしろ中世ドイツの戦士らにとっても、森は、野生の力が発揮される神聖な場所であり、戦士の神たるオーディン並びに雷神トールが率いる軍勢、死者の軍勢が行き来する空間と考えられていました。そして、国王や騎士《きし》たちはその後裔《こうえい》である……と信じたがっていたのです。

とくにドイツの王たちは、森の聖性からその権威の保証を受け取っているとの観念がありました。そのため、王は森の中に周期的に戻っていって、そこで再生する必要があるのです。森は野獣や怪物の巣食う恐怖の地であるとともに、人間と社会が生き続け再生するための母胎、恵みの地でもあったのです。

ゲルマン人らは、聖なる森を設《しつら》えて礼拝していました。もちろんその他に山の頂《いただき》、川の中、泉なども神々が住む場所として崇拝しましたが、どこよりも森が重視されていました。だからゲルマン人の流れをくむ中世ドイツの人々にとっては、森という異空間は、普段の生活が展開する世俗の秩序とは別種の秩序が支配する、神秘的な空間とみなされていたのです。

神聖なる菩提樹

初期中世(五〜一〇世紀)の聖人の奇蹟譚《きせきたん》には、異教徒にとって神聖なるマツやカシや菩提樹《ぼだいじゅ》を、布教者が命がけで伐採する話が登場します。先ほど名を挙げたボニファティウスは、命の危険を冒して神聖なるカシを切り倒し、ザクセン人を改宗させたのです。

ところが伐採されたはずの樹木の背後には、おびただしい異教の神々が生き残りました。神殿が教会になり樹木崇拝がマリア崇敬や聖人崇敬に表向きすげかえられていっても、住民の心には、形式的なキリスト教遵守《じゅんしゅ》の裏で、異教的祭儀が生き続けたということです。異教の神々は、より人間的になって、「小人」「巨人」「妖精」などとして延命し、無数に残存し続けるのです。

『ニーベルンゲンの歌』(一二〇〇／〇五年頃)という有名なドイツの叙事詩があります。その作品には、生か死かという決定的場面でつねに森が出てきます。たとえば英雄ジークフリート(ジーフリト)暗殺の場面も、狩りに行った森の中で展開し、泉の水を飲んでいるところを槍《やり》でつき刺されて殺されてしまいます。そしてそのかたわらには、菩提樹が茂っていたというのです(図1-3)。

森の樹木のうちでも、とりわけこの菩提樹は、ドイツ人にとって神聖な木であったようで、ゲルマンの慣習法では、裁判は菩提樹の木の下で行われました。またドイツを象徴する樹木として歌にも歌われています。中世では、宮廷抒情詩人であるミンネゼンガーのヴァルター・フ

1-3 『ニーベルンゲンの歌』より，ハゲネの槍がジークフリートを突き刺す

1-4 愛の樹として描かれた菩提樹

ォン・デア・フォーゲルヴァイデ（一一七〇頃〜一二三〇年頃）の「菩提樹の下で」の恋愛歌がありますし、より近年では、シューベルトの歌曲「菩提樹」（一八二七年）が知られています。菩提樹はその威厳ある美しい様子、たっぷりと豊かな葉、長命、芳香、さらにはその花に蜜を漁る蜜蜂の音まで愛でられて、おそらくそうした美質ゆえでしょうか、中世では「愛の樹木」として男女の逢引《あいびき》の場となりました（図1-4）。

モミやカシにも神聖性が付与されていました。モミはその枝が魔女除けや災厄を防いでくれるものとして建物の入口に掛けられましたし、近代にはとりわけさまざまに論じられ、絵画にも描かれました。カシは雷神トールのシンボル、力・堅忍・不滅の象徴で、詩にうたわれ、貨幣や紋章の図柄に採用されることも度々でした。

王の森から領主の森へ

ではドイツの森について、古代から中世にかけてのあり方を観察してみましょう。古代ローマ時代における森は、非耕作地＝非文化地であり、まさに「文明」の属する都市と正反対の「野蛮」な性格を有するものとみなされて、蔑視《べっし》される傾向がありました。そして広大な森は、公共のものと考えられていました。ところが第二次ポエニ戦争（紀元前二一八〜紀元前二〇一年）後に木材需要が高まり、森の経済的重要性が認識されるようになると、森の私有化が進んでいきます。一方で、公共林もローマ人民に属する公共林と、皇帝の私的財産としての公の森に区別されていきました。

ゲルマン人たちの間では、森は最初「無主地」、つまり「誰もが好きなようにその恩沢に与《あずか》れる、皆の共有の空間」だと考えられていたのです。しかし、五〜一〇世紀のフランク時代になると変化の兆しを見せます。当時発給された特許状や法典に、フォレスティスとかフォレスタという「御料林」という意味の新しいラテン語が現れてきました。それまでは、森というのはシルウァとかネムスという語で表されていたのですが、新しい表現が生まれ、そちらは、王が独占的に所有し利用すべき森を指しました。

しかしやがて、この王の所有物である森が、家臣へと委ねられることになります。つまり、封建的な主従関係における主君から、家臣である貴族や修道院に、ということです。この段階に来て、森はいよいよ「私有化」されていきます。御猟場権《おかりばけん》の家臣への授与です。

この御猟場権の授与は九世紀初頭に始まり、一〇世紀後半に力強い成長を見て、一〇八〇年頃には終息に向かいます。一二世紀にも散発的な授与はありましたが、全盛期の勢いはなくなります。貴族らは、王からこの権利を贈られてはじめて、森中に城や修道院を建てられるようになるので、御猟場権の授与は、中世社会のいわば礎《いしずえ》となる権限委譲でした。

中世半ば以降、このような私有化傾向は疑いないものの、じつは共有の資源とされた「公共林」もずっと存在していました。共有財産としての森は一三世紀になってもかなり残っていて、たとえ誰かの森であっても、木や枝を自分用に伐ってもち帰ることは、長い間許容されていました。このように、ゲルマン人らの法秩序において住民すべての共有財産であった森は、私有観念が登場してからも残存し続けたのです。

では、ドイツの森にはどんな樹木が生い茂っていたのでしょう。現在は建築資材として植樹された、針葉樹（トウヒ）が多くを占めていますが、中世には、ヨーロッパブナやナラの仲間を中心に、ニレ、セイヨウシデ、ハシバミ、シラカバ、ニワトコ、トネリコ、菩提樹などからなる落葉広葉樹林が主体でした。それらは建築資材・薪《まき》・炭とされ、またとくに、珍重された天然の蜂蜜を提供してくれる場所でもありました。

1-5　森のドングリでのブタ飼育

こうした広葉樹林には、オオヤマネコ、シカ、イノシシなどの哺乳類、フクロウやキツツキなどの鳥類、カブトムシなどの昆虫やカエルなどの生き物が多く生息していました。現在では絶滅したり、数を減らしてしまった動物も少なくありませんが、本来の豊かな森の姿がしのばれます。

森の恵み、ハム・ソーセージ

森は家畜を放牧させる場でもありました。北西ヨーロッパ、とりわけドイツでは穀物の生産が乏しく、冬場には家畜にまわす飼料が不足してしまいます。ですから秋になると、春に生まれた子ブタを森に連れて行き、ブナやカシやミズナラの実、つまりドングリを腹一杯食べさせます。そして豊富なドングリを食べてまるまると太ったブタから、塩づけ肉やソーセージが作られるのです(図1-5)。

ハム・ソーセージ自体はギリシャ・ローマ時代からありましたが、それがガリアにも広がり、後にヨーロッパ各地に伝わります。ドイツでは一一世紀頃から記録があり、「シュララッフェンラント(のらくら天国、人々の想像上の理想郷)」に登場することからも、いかにこの地で好まれたかがわかります。気候の厳しいドイツでは、それらは保存食品としてきわめて重要で、今日までドイツ料理の基本食材の地位を守っています。

現在のドイツは、まさにソーセージ造りの本場で、高い品質と豊富な種類を誇っています。それはつぎの三つに大別され、総勢一五〇〇種類ともいわれます。

- ブリューヴルスト　材料を腸詰めしてから加熱加工したソーセージ
- ローヴルスト　生の原料肉を使って加熱しないで食べるもの
- コッホヴルスト　加熱済みの肝臓、内臓、舌、皮などを主に使ったソーセージ類

もちろん地方ごとに違うソーセージがあります。それらを焼いて食べる(ブラートヴルスト、さらにうす切りにしてソースをかけるカリーヴルスト)のが、ドイツ人の愛してやまない食べ方です。

第6章でも述べますが、現代のドイツ人は、台所が汚れないようにするために、夕食は「カ

ルテス・エッセン」という火を使わない冷たい食事で済ませる習慣があります。その夕食に、ハムやソーセージは不可欠な食材なのです。現代ドイツ料理を代表する食材であるハム・ソーセージは、もともと中世からの「森の恵み」であったことを覚えておきましょう。

狩猟文化とその継続

森に関する国王大権(君主が独占する権利)の最たるものは、狩猟権です。フランク時代から、史料に狩りの特権的場としての森が頻出します。狩りは、単なる王侯の遊びではなく、軍事遠征、外交使節団、貴族らの全体集会などに並ぶ、王たる者の「義務」と位置づけられていました。

それはおそらく、ゲルマンの王としての記憶のなごりなのでしょう。王の狩りは、王と彼に服する民にとって、森の平和を確保し領民とその土地を守る、象徴的行為だったのです。しばしば君主が最も秀でた狩人であると強調されるのもそのた

1-6　マクシミリアン1世のクマ狩り

1-7　16世紀の王侯の狩り

めで、カール大帝は死の直前まで狩りをあきらめず、その能力が統治能力を測る物差しであったかのようでした。

狩猟権は、やがて貴族たちにも分け与えられ、中世半ば以降、彼らの最大の楽しみになります。それはゲルマンの戦士の流れを汲《く》むと信じていた貴族たちの、名誉の一部となる行為でした。貴族らの狩りには、自然世界のコントロール、という象徴的意味もあったので、準備から本番までいくつもの段階に分かれ、綿密にして体系化した儀式となっていました。

とりわけ狩りの獲物の解体はきわめて儀式化していて、戦士の熟知すべき技術でした。解体儀式を経てこそ、野獣は人間に食われるものとしてふさわしい肉に変ずるのであり、人間は野生世界への支配を謳歌《おうか》できるようになるのです。しかし、中世後半にはこのような儀礼的・象徴的要素が薄まり、狩りは一種の特権的な「遊び」になっていく傾向があります。

中世から近代にかけて王侯貴族のお気に入りの活動であった狩りですが、狩猟＝貴族的活動という考えは、今もなお残っています。現代でも由緒ある家系の男子や政治家らは、広大な私有地・国有地を利用した狩りを好んでいます。驚くべきことに、国家が所有する広大な土地を自由に使って猟をした旧東ドイツの国家元首もいたそうです。もっとも、この森の国では、庶民にとっても狩猟は普通の娯楽・スポーツとして非常に流行っており、現在、三五万人が狩猟免許を取得し、狩りのルールは法律で厳密に決められています。

ドイツでは毎年、ノロジカは一〇〇万頭以上、イノシシは五〇万頭前後、ノウサギも約五〇万匹、キジは約三五万羽が狩られているそうです。さらに住宅地や市街地、公園、墓地などをのぞく全土(畑や放牧地も含めて)が狩猟地、という驚くべき規定もあるようで、狩猟鳥獣(ジビエ)はレストラン・メニューの常連であるばかりか、一般家庭の食卓にも頻繁《ひんぱん》に上るのです。さすがは森の国ドイツです。

地中海から内陸河川へ

森のつぎは、川に注目してみましょう。ローマがゲルマン人の侵入を防ぐために、ドナウ川やライン川などの大河にリーメスと呼ばれる要塞線を建造したことはすでに述べました。古代末期から、自然の境界として川を防衛ラインにする考え方があったことがわかります。

川には、防衛のほかにも重要な役割があります。古代から中世への時代の転換を、「商業」「経済」の視点から見てみましょう。たとえば、七世紀のイスラーム勢力の台頭で、地中海沿岸の商業活動や船舶航行がさえぎられ、そのために内陸の農業を中心にする西欧の農業社会・封建世界が成立していったという見方があります。しかし最近では、こうした単純な見方ではなく、初期中世の農村においても近郊との物資の取引がさかんで(つまり商業、交易はあった)、職人業もけっこう活発に展開していたとの考えが通説です。

むしろ、それまで重要な軍事的境界線であり、軍団の輸送や物資補給などには積極的に活用されていたものの、交易路としては十分に使われていなかった河川交通、なかでもライン川やドナウ川などドイツを縦断・横断する大河を使っての商人の移動と取引が、初期中世からいっそう活発化した点に留意しなくてはなりません。それが古代世界から中世世界への転換を画している、という事実がとても重要なのです。

つまり、ローマ帝国というのは、地中海を「我らが海」と称したことからもうかがわれるように、経済的にはあくまで南方、そして地中海の東西へと関心が向かっており、その巨大な内海を制してさかんな交易をしたからこそ、文明の繁栄が可能になったのです。

しかし、ローマ帝国が滅亡すると、いやそれ以前からすでに、海を雄飛する航海者、商人たちの姿はパッタリと減り、内陸の大河を船で移動して交易する商人たちの数が増えていくのです。大きな川沿いには、こうした河川交通の恩恵を受けて、つぎからつぎへと都市が成立し発達していきます。ドイツ中世は、こうした内陸の「自然」の恵みのひとつ、「川」の恵みによって、支えられていた面もあるのです。

第2章

山と川に拠《よ》る生活

修道女ヒルデガルトの「生命の源としての自然」の幻視

ではつぎに、中世半ばから後期にかけてのドイツの歴史をふり返ってみましょう。ザクセン朝はカール大帝の「帝国」を再生し、その中心をフランスからはっきりとドイツの領域に移しました。しかしながらその王朝は長続きしませんでした。上述のように、四代続いた後は、ザリエル朝へと交替します。

聖職叙任権闘争の背景

ザリエル朝における初期の大事件は、叙任権闘争《じょにんけんとうそう》でした。これはドイツ皇帝とローマ教皇との最初の大きな対立でした。相対する両雄は、ハインリヒ四世(在位一〇五六〜一一〇六年)とグレゴリウス七世(在位一〇七三〜八五年)です。

前者の父ハインリヒ三世は、前王朝の帝国教会政策を継承し、修道院を保護するとともにローマ教皇とも緊密に提携して改革運動に努めました。しかし、教皇権が伸長していくと、教会は世俗権力の聖界への介入を嫌いだし、息子のハインリヒ四世のとき、聖職叙任権(聖職者を任命する権利)をめぐっての争いがおきたのです。

ハインリヒは、教皇グレゴリウスに破門され、その家臣らの忠誠誓約すなわち主君に忠誠を尽くし、主君に従って従軍するとの誓いが解消されると、いったんは悔悛《かいしゅん》の情を示しました。そして北イタリアの岩山の上にあるカノッサ城砦《じょうさい》の門前で、雪の中、三日三晩立ちつくし、教皇に赦《ゆる》しを求めました。これが一〇七七年におきた有名な「カノッサの屈辱《くつじょく》」です(図2－1)。

2-1　カノッサの屈辱．女伯マティルダに執り成しを願うハインリヒ４世

しかしその後、ハインリヒは反攻に転じ、ドイツに戻って諸侯の反乱を平定するや、すぐさまイタリアに攻め込んで、グレゴリウスをサレルノに敗走させました。ところがさらに形成は逆転、息子たちまでハインリヒに反旗をひるがえし、彼は失意のうちに亡くなりました。

そして息子のハインリヒ五世が一一一一年帝位に就きます。しかし叙任権闘争は、その後もなかなか妥結《だけつ》しませんでした。一一二二年、ようやくヴォルムス協約が教皇カリクストゥス二世とハインリヒ五世の間で結ばれます。「皇帝は司教任免権を放棄するが、教皇に先立って司教を指名できる」という妥協案が、ここに成立しました。

しかしそもそも、どうしてドイツ皇帝(王)がキリスト教会の人事に介入できると思ったのでしょうか。じつはドイツでは、国王は俗人ではなく聖なる人物とされていたのです。皇帝はキリスト教世界最高の祭司でもあると自認していたので、皇帝が教会や聖職者を指導し改革に努めるのは当然だと考えられていました。それを「世俗権の介入」などとなじられるのは、まったく心外だったのです。

ドイツ王＝神聖ローマ皇帝の場合、この聖性は、むろんキリスト教の教え(聖書)の解釈から由来すると言えますが、もうひとつ、それはゲルマン的なる自然の神聖さが流れ込んだ聖性でもありました。これは、ドイツ史上の権威・権力につきまとう特殊な聖性なのです。

ハインリヒ四世は叙任権闘争を戦うかたわら、封建諸侯の林立割拠に対抗すべく、教会政策に加えて、帝国ミニステリアーレ政策を実施することにしました。これは皇帝に直属する非自由身分(自由地に居住し、公的制度に参加しつつ共同体を構成する自由民に対し、領主制的支配に服して賦役《ふえき》労働などを課され、住居選定、結婚、相続などの自由が認められていない人々のこと)の家人《けにん》(ミニステリアーレ)を、王＝皇帝の直轄領《ちょっかつりょう》にすえて管理・運営させ、その領域を広げていく作戦でした。しかし貴族たちはこれに反対し、皇帝に楯突《たてつ》くようになりました。結局、皇帝権を支える領域的な、そして組織的な制度はできあがらず、聖俗諸侯はそれぞれの領地に確固とした支配を及ぼしました。それが現代にまで続く、地方分権的な政治をドイツにもたらすことになったのです。

皇帝の権力は、王位・皇位が選挙によって決められることで、弱体化していきます。ザリエル朝がハインリヒ五世の死（一一二五年）とともに絶えると、選帝の権限のある司教と諸侯らは、ズップリンゲンベルク家に属するザクセン公をロタール三世として選びました。その彼は死の床で娘婿《むすめむこ》のバイエルンおよびザクセン大公ハインリヒ傲岸《ごうがん》公を指名しましたが、諸侯らはこの傲岸不遜《ふそん》な男を嫌い、ホーエンシュタウフェン家のコンラートをコンラート三世（在位一一三八～五二年）として帝位に就けました。この顚末《てんまつ》から、皇帝の遺志よりも選帝侯の力が大きいことがわかります。

ではなぜ血縁ではなく、選挙で王統が決められていくのでしょうか。それは、古ゲルマン時代以来の慣習だったからです。もともとドイツ王国（帝国）では、父王が自分の息子をまず共同統治者に選出するよう諸侯らに働きかけて、自分の死後、息子が王位に就いたので、実質的には世襲王制にほかならなかったのですが、選帝侯の力が大きくそれを押し通せないこともありました。さらに後述の「大空位時代」のせいで、血統権は出番がなくなり、純粋な選挙王制に変わっていきます。

もちろん、選挙をくり返すごとに王の実質的権力は弱まり、諸侯たちの掌《てのひら》で踊らされてしまいます。これも、ドイツではフランス、イギリス、スペインと異なって、強力な統一国家が近代までできなかった理由のひとつです。

2-2　フリードリヒ１世（バルバロッサ，赤髭王）

コンラート三世の死後、甥《おい》に当たるフリードリヒ一世（バルバロッサ、赤髭《ひげ》王、在位一一五二～九〇年）が諸侯の推薦を受けて帝位に就きます。フリードリヒはイタリアでのさまざまな懸案が片付くと、母方の従兄弟バイエルン大公ハインリヒ獅子《しし》公の離反など、ドイツ国内の問題の解決に当たりました。その後フリードリヒは第三回十字軍に出かけキリスト教に奉仕して人生をしめくくろうとしましたが、キリキアのセレフ川で水浴び中に溺死《できし》してしまいました。

フリードリヒ一世の死後、息子のハインリヒ六世が若くして亡くなり、ドイツは混乱します。そしてヴェルフェン家のオットー四世とハインリヒ六世の弟フィリップの二重王権が出現しま

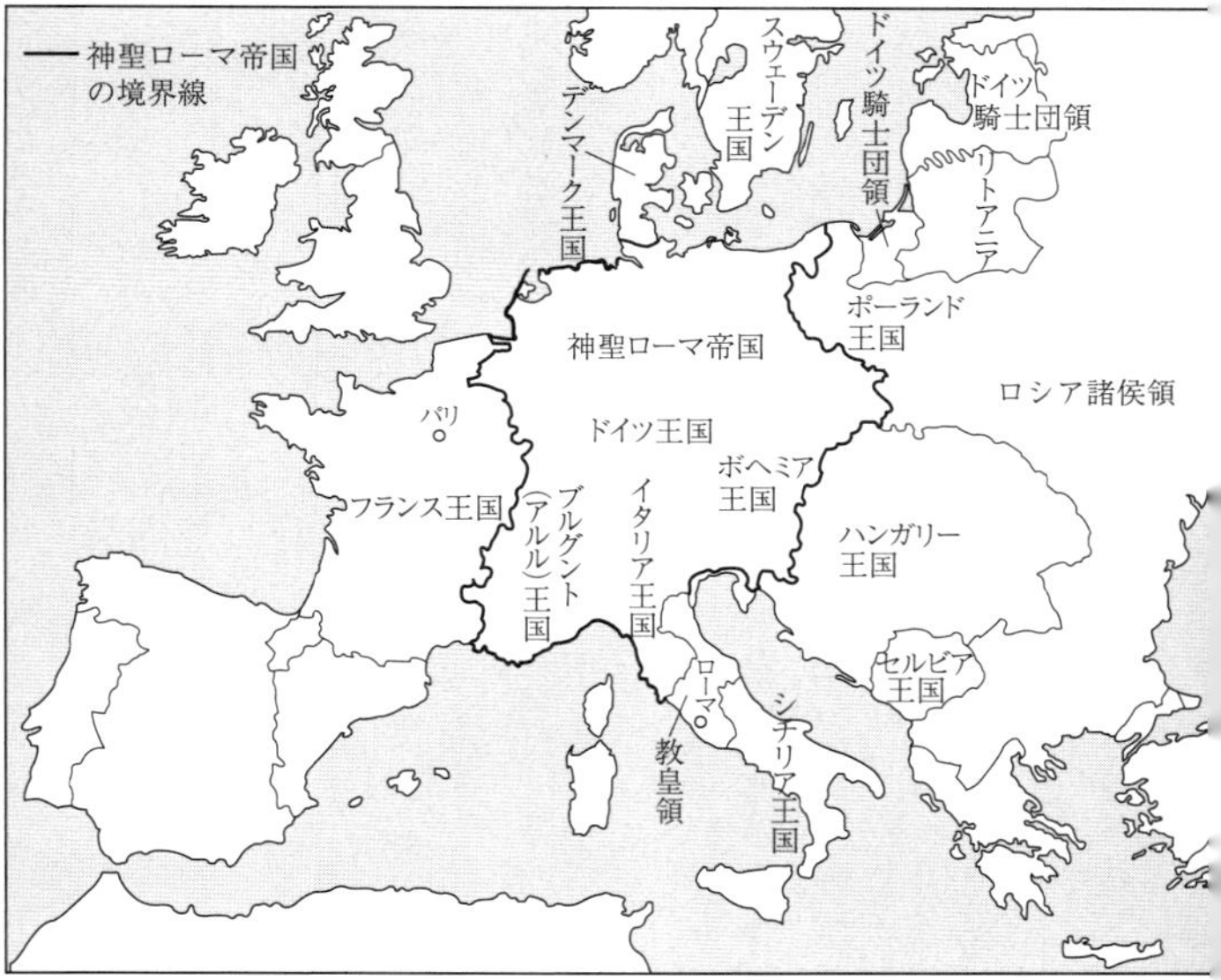

2-3　フリードリヒ2世の時代のヨーロッパ

すが、フィリップの暗殺（一二〇八年）後、教皇インノケンティウス三世がハインリヒの子フリードリヒ（二世、在位一二一五～五〇年）をオットー四世に対抗させるべく擁立《ようりつ》。ブーヴィーヌの闘い（一二一四年）でオットーがフランス王フィリップ二世に大敗したのを幸いと、フリードリヒはアーヘンで戴冠し皇帝となります。

フリードリヒは学識もある破格の大人物でしたが、教皇に刃向かって息子ハインリヒ七世をドイツ王にし、自らはシチリアにいながらイタリア支配を行いました。

領邦分立の時代へ

フリードリヒ二世がほとんどドイツに来な

かった間、王のレガリア(国王大権)——関税徴収請求権、貨幣鋳造《ちゅうぞう》権、築城権、裁判権など——を手に入れたドイツ諸侯は自分たちの領邦を強力に支配し、都市建設や開墾《かいこん》にも力を入れました。

フリードリヒの後を継いだコンラート四世が一二五四年に亡くなると、ドイツは大空位時代(一二五四〜七三年)に突入、君主なしの時代が続きます。時代は皇帝による統一以前の「部族時代」へとさかのぼり、大昔の地方に根づいていた結びつきが地下から浮き上がってきたかのような有様でした。

ザクセン、シュヴァーベン、ロートリンゲン、フランケン、バイエルンの五つの部族大公領を見るだけで、かつて民族大移動でやって来た、それらの部族の源がわかるほどです。これは、カール大帝による合理的な制度改革やキリスト教化、中央集権——フランスはその道を着実に歩んだのですが——とは相容れない道へと、ドイツが進んでいくことを象徴しています。

こうしてラント(領邦)は「ラント内の皇帝」たる領邦君主のもとで支配を貫徹していきます。これは現在のドイツにおいても司法、教育、年間暦などで独立しているラント(州)の大きな権限へとつながっています。

つまり神聖ローマ帝国は、一〇世紀のオットー一世の時代に始まり、じつに一九世紀初頭ま

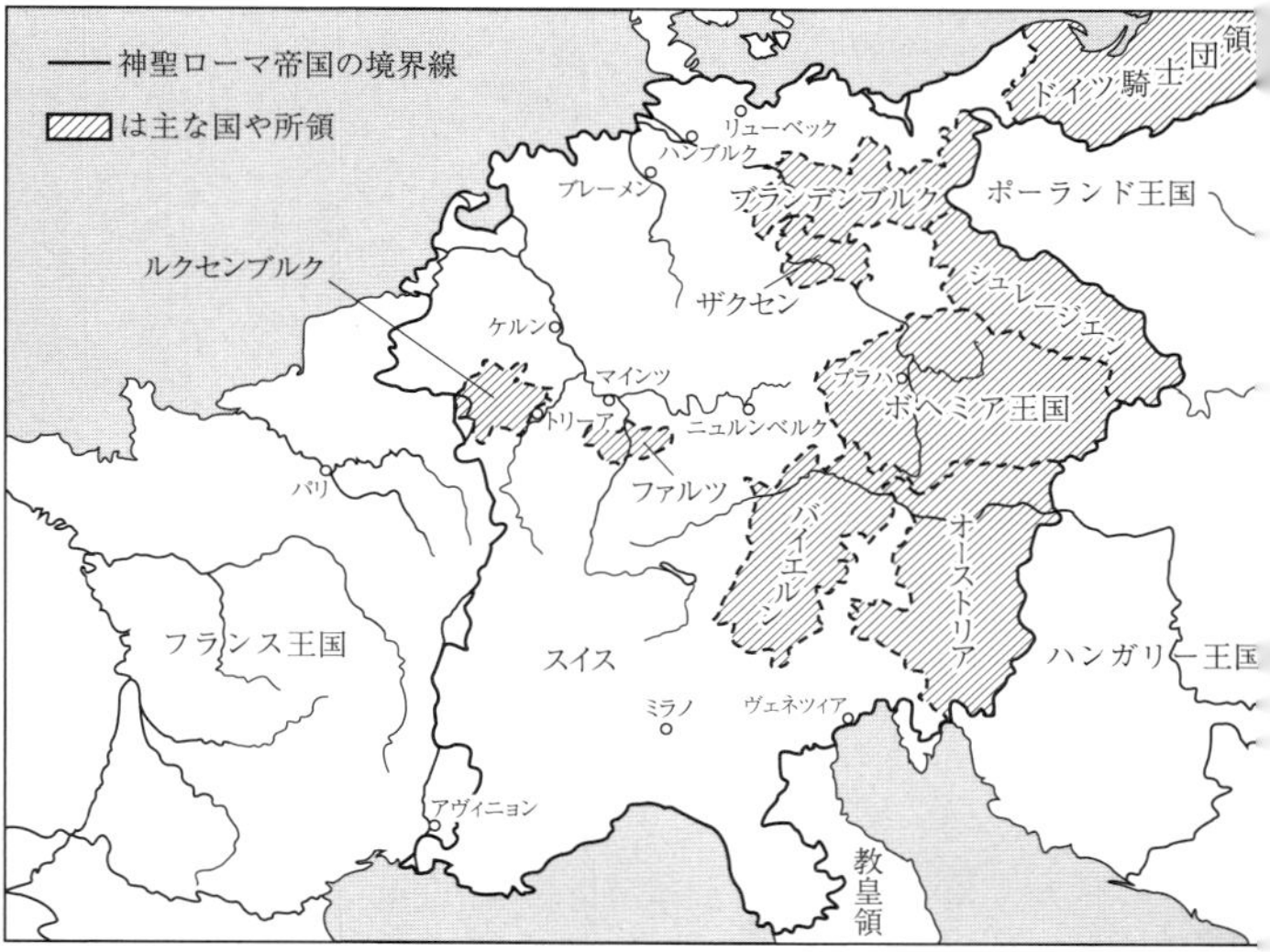

2-4　14世紀のドイツ

で続きますが、それが大きな力を誇ったのはせいぜい一三世紀までで、一三世紀後半からは形式的な神聖ローマ帝国の下に、領邦・諸都市が分立する一種の連邦制となり、以後六世紀あまりもこの状態が継続するのです。

大空位時代の後、ハプスブルク家のルードルフ一世(在位一二七三～九一年)が、一二七三年、選帝侯らによって国王に選ばれました。これが、はじめてのハプスブルク家出身の王＝皇帝です。

元来ハプスブルク家固有の土地はスイス北西および上ラインでしたが、ルードルフによってオーストリアを回復、さらにシュタイアーマルクも入手、その後の継承をめぐってはこのハプスブルク家とルクセンブルク家の争いとなり、外部の教皇やフランスもからんできて、複雑な様相を見せます。

長引いた争いは、一三四六年にボヘミア王の息子、ルクセンブルク家のカール四世(在位一三四六〜七八年)が選帝侯によって選出されることでいったん決しました。カールはボヘミア王としての基盤の上にドイツ王権を堅固化し、一三五六年、有名な「金印勅書」によりラント支配者の至上権を認め、選帝侯を七名に固定してその特権を定め、選挙規定をも成文化しました。ドイツの国政は、彼の下で久しぶりに力をとり戻したということができるでしょう。

ところがルクセンブルク家の統治は長続きせず、カールの息子ヴェンツェルとジギスムントの後には、再びジギスムントの娘エリーザベトの夫であるハプスブルクのアルブレヒト二世が、皇帝の位を継ぐことになります。

それ以後、帝国はハプスブルク家が長期にわたって事実上世襲《せしゅう》していきます。二年目で彼が死ぬとフリードリヒ三世(在位一四四〇〜九三)が継承しますが、彼は無能で領土は失われ、政治にも教会改革にも無関心を決め込みました。

中世農民の状況

では、中世を通じてドイツの人口の大半を占めていた農民たちについて、ここで観察してみましょう。五〜一〇世紀のフランク時代、荘園《しょうえん》は領主直営地と農民保有地に分割されていました。そして自由身分の農民たちでも、一定期間領主直営地での賦役を命じられるとともに、年貢《ねんぐ》を納めねばなりませんでした。非自由農民はもっぱら直営地で労働させられました。最初は粗放農業で収穫高もごく限られていましたが、農業技術が改良され、硬い土壌にも対応できる重量有輪犂《すき》ができ、水車も改善し、土地利用方式や家畜飼育のあり方が変わっていきました。

2-5　領主に年貢を納める農民

盛期中世(一一〜一三世紀)には人口が急増し、都市が栄え、貨幣経済が広まったこともあり、農業経済も大成長しました。農民たちも力をつけ、荘園領主の直営地での賦役は大幅に減って大半は貨幣地代に変じ、領主への税(貢租)は固定される傾向にありました。そして農民らの村落共同体は、ある程度の自治権・裁判権を手に入れることができました。

耕作地は増加し、耕作方法は二圃制から三圃制となり、小麦、ライ麦、大麦、燕麦《えんばく》などの麦類を中心に豆類も植えるなど作物の多様化が図られ、天候不順による不作にも対応できるようになりました。中世後期からは、ビール醸造《じょうぞう》のためのホップ栽培がさかんになったのが、ドイツならではでしょう。

農業経済の進歩と需要増による穀物価格上昇は、農民に有利に働いたのですが、その波にうまく乗った者とそうでない者との間に、大きな格差を生むことになりました。とくにブドウ栽培地域と都市近郊において、財産形成が加速され、階層分化が際立つようになったのです。

後期中世、一四〜一五世紀になると農業生産の衰退と人口減、そして農業生産物価格の沈下により、農村はまた大きく変容し、廃村が増加します。とりわけ一三四七〜五〇年におきたいわゆる黒死病(ペスト)はヨーロッパ中に蔓延《まんえん》し、少なくとも人口の三分の一を奪い去ったと言われています。いたるところに死体が転がり、家族といえども見捨てて逃亡する光景があちこちで見られました。

東方植民はなぜ必要だったのか

さて、農民も森から非常な恩恵を受けていました。盛期中世、領主権に対して村落共同体の力がぐっと高まったとき、農民たちが森利用の権利も共同で手に入れたのです。また、森を切り開き新たな開墾《かいこん》地を作って入植することで、より自由な身分と特権を得ていきました。最も大規模な入植は、エルベ川(とザーレ川)の東への、いわゆる「東方植民」でした。

新たな大地の開拓がエルベ川の彼方で行われた事実は、中世の農民の一部の生活を変えただけではなく、将来この地が南のオーストリアと並ぶドイツ統一運動の北のセンターとなる素地を作ったという意味でも重要でした。そもそも国境はどこにあるのか、どこからどこまでがドイツなのか、曖昧で絶えず増減し、移動し、落ち着かない……。これがヨーロッパ諸国の中でも、ドイツの歴史を終始特徴づけていた事態でした。

それはドイツの弱点でもあり、また利点でもありました。北には海があり、南はアルプスに区切られているとも言えますが、東と西はどうなのか。西は、進もうとするとすぐにフランスと利害がぶつかります。「自然の国境」を唱えるフランスはライン川を国境にしたいと何度も望みましたが、ライン川を自分たちの川とするドイツは、その西側の地帯をもドイツに含めることにこだわりました。後に独仏紛争の火種となるアルザス＝ロレーヌ問題は、そうしたところに起源があったのです。

西側への進出がフランスとの衝突をもたらすのに対し、東は未開地でした。ドイツ王はイタリア政策とともに東方政策によってその王権を維持した、という面があります。人口が増加して新たな土地が必要になると、その土地の開発管理を有力諸侯に任せることで、不満を抑えるというわけです。

エルベ川はもともとドイツとその東の未開地との境界で、その未開地には、九世紀頃まではスラブ人が住んでいました。ドイツ人が進出しだしたのは一〇世紀からで、まず、九六八年に設置されたマクデブルク大司教区が東方への進出拠点となりました。一二世紀になると、本格的な植民が始まります。このエルベ川流域は山が少なく低地が広がっていますが、地味がやせていて農業にはあまり適しませんでした。ですからこの植民は、荒地を耕して土地改良し農作物を育てられるようにする、自然・大地との格闘を伴っていました。入植の過程で、スラブ人が追い出されることもありました。

入植と領有プロセスは、主に農民と職人、さらには商人たちが担ったとされています。農民たちの数は非常に多かったのですが、彼らは領主制の抑圧からなんとか逃れたいと、東方の新天地に向かったのでしょう。彼らを導いたのが植民請負人でした。騎士の次男以下、広い領地を得られなかった騎士らも東方に進出していき、土地を入手しては、農民誘致に努めたのです。そしてエルベ川とオーデル川の間をドイツ化していき、さらに東方へと広がったのがブランデンブルク辺境伯領でした。

修道院の働きも見逃せません。まずシトー会修道院が進出、一二世紀前半から一四世紀前半にかけて拠点を作りながら、開拓・開墾を推し進めました。さらに重要なのは、一一九〇年に聖墳墓《せいふんぼ》の防衛のため設立されたドイツ騎士団です。第四代総長ヘルマン・フォン・ザルツァ時代にバルト海沿岸のプロイセンに植民し、原住民のラトビア人＝リトアニア人を追い出して、広大な領域を支配しました。

ドイツ騎士団領は、ブランデンブルク辺境伯領よりもずっと東にありました。この支配は一五二五年まで継続しました。ドイツ騎士団領は宗教改革で世俗化して、プロイセン公領になります。後年、ブランデンブルク辺境伯領（ついで選帝侯領）とプロイセン公領が合体してプロイセン王国となり、一八七一年のドイツ統一をもたらすことになります。

この東方植民の主要局面（一二世紀半ばから一四世紀末）の期間中に、ドイツの定住領域と言語領域は三分の一以上も拡大し、人口増大、穀物生産の増加がもたらされました。かくてエルベ川以東のバルト海沿岸（プロイセン、ポメラニア、メクレンブルク、ブランデンブルク）やもともとスラブ人が住んでいたところ、現在の国名ならばチェコ、スロバキア、バルト三国、ルーマニア、ハンガリー、ロシア国境付近にまで、ドイツ人がゆきわたりました。

山の城に割拠する領主たち

ドイツの世俗社会の支配層は貴族たちで、領主として農民を支配していました。その支配は、城を中心に行われました。城は建てられる場所によって、いくつかの種類に分けられます。まず防御のために険阻《けんそ》な山に造られた山城、つまり城砦で山の上に四方展望できるように建っているものです。つぎに、より広域を支配するために平地に作られるのが、平城です。さらにわざわざ土を盛り上げてその上に城を造る、盛り土城もあります。

2-6　ザーレ河畔の古城

ドイツ語地域には何千という城が造られましたが、その多くが川沿いの小高い山の上にあり、四方を見張っていました(図2－6)。こうした城を建てた大半は貴族で、それらの城は盛期中世から、土地と住民を支配する拠点になりました。

城建築の稠密《ちゅうみつ》さで有名なのはザーレ川で、六〇以上もの城がその沿岸に建てられています。この密集の理由は、この川が長期にわたって「境界の川」だったからです。たとえば一〇世紀にはザーレ川の西側がフランク、ゲルマンの領域、東側がスラブ人の領域でした。

築城には、二つの建設ラッシュ時期がありました。一一世紀半ばから一三世紀にかけては高級貴族、公や伯の身分が城建設に熱心で、一三世紀半ばからは下級貴族やミニステリアーレも城を建てるようになりました。森領域に建てられた城は、たいてい耕作地の出口地点を画し、さらなる領主支配の集中強化ができる場所であるのが一般的でした。

しかしじつは、領主はそれに対応するレガリアをもっていませんでした。つまり多くの城は、領主がそれまで権限をもっていなかったか、不明確な権限しかもっていないところに、あえて建てられているのです。

2-7　城建設にいそしむ人々

だからそれは、はじめて樹立された支配の目に見える象徴なのであり、当然、競合する貴族間で築城の争いもおきます。城はこうして、後期中世には、管轄区域の中心点、役人の座所になり、一方で近くにある居住地・集落地はそうではなくなるのです。かくて城はますます支配と管理の中心に位置づけられ、そこで裁判をはじめとする厳粛な法行為が行われ、また大規模な集会の場ともなりました。

城を造りそこに住むのは非常に費用がかかるものです。だからそれは安全のため、防備のために造られるのみではなく、富と力を見せつけるという意図もありました。後期中世になると、城とその周囲の土地をつぎつぎと手に入れて支配権力を拡大し、家門の勢力を強化する風潮が広まっていきます。たとえばルクセンブルク家は、一三世紀末には一〇〇近くもの城を所有していたといいます。

しかし支配を受ける農民たちにとって、領主の建てる城は、重苦しい支配の象徴だったのではないでしょうか。実際には多くの城の生活がみすぼらしいものであったとしても、空間的に領主と隔離され、睥睨《へいげい》されるということは、社会的な距離を痛感させられるからです。

とりわけ築城賦役義務がバン領主権(城主罰令権)に含まれたので、領民はその身分を問わずに、城の建築、維持、食料供給、監視のために召集されました。賦役が大規模になればなるほど、領民は疲弊して自分の仕事ができなくなってしまったのです。

川沿いの都市建設

城だけでなく、ドイツの繁栄した都市も、大半が河川沿いや川をまたいでできていきます。こちらは権力と富の誇示ではなく、交通の便とそれによる商業発展のためにです。商人たちが

2-8　ライン河畔シュパイエルの皇帝大聖堂

物産を携えて遠くの町や村へと運ぶには、運搬路としての川が欠かせませんでした。森の中を流れる川は、材木輸送に格好の運搬路でした。また、運搬具の未発達な中世時代、穀物や建築資材をはじめとして、重量のあるものを運ぶには、道路で運ぶより川のほうがはるかに安価で好都合でした。

ライン川沿いには、ケルン、ボン、マインツ、ヴォルムス、シュパイエル、シュトラースブルク（ストラスブール）などの大きな町がありますし、ドナウ川沿いには、ウルム、レーゲンスブルク、パッサウなどの町があります。さらにバイエルンの大都市ミュンヘンは、一一五七年にハインリヒ獅子公がイーザル河畔のムニヘン村に橋を設けて関税を徴収させたことに加え、貨幣鋳造と市場開設によって、発展の緒に就いたのでした。

こうして、河川交通とともに発展していったドイツの都市ですが、ここで、中世都市の役割について、簡単に調べてみましょう。

ドイツの都市はザクセン朝(九一九〜一〇二四年)、ついでザリエル朝(一〇二四〜一一二五年)時代にでき始めました。ローマ時代からの都市もありましたが、多くは新たに造られた建設都市でした。遠隔地商人らが定住して都市ができると、商人法を元にして都市法が作られ、法的に独自の地位をもつようになります。

一二〜一三世紀には、大きな都市は、商業・産業の中心となります。都市には都市領主が支配している場合、領主代官がいるケース、さらに自治都市の別があります。都市内にはギルドという商人・職人の仲間団体ができ、営業形態、商品の価格、製造規定、品質管理などが定められました。ギルドは親方の連合体で、その下に、職人、徒弟《とてい》たちがいました。職人は数年の遍歴修行をし、その後親方試験に合格すれば、晴れて親方になることができました。

都市の形成・発展は、かように商人・職人層によって推し進められましたが、ほかに指導層として、家人(ミニステリアーレ)層という、都市領主に仕える非自由身分の役人的存在が幅を利かすケースもありました。彼らはもともと軍指揮官、徴税人、貨幣鋳造請負人、荘官などをしていましたが、都市において指導的役人に変貌したのです。中世都市が最盛期を誇った一四〜

一五世紀には、ドイツだけでも三〇〇〇余の都市があったと言われています。商業・手工業の繁栄した都市では、都市全体が富裕になっていきましたが、ほとんどの場合、政治の実権は、都市貴族層に属する一部の家系が握っていました。中世末に、そうしたごく一部の門閥《もんばつ》への反発が広がり、また富裕化した大商人たちと貧しい職人との対立も厳しくなり、騒擾《そうじょう》がおきたり、制度改革が行われたりすることもありました。

さらに中世都市には、差別を受けた人たちがたくさんいました。刑吏や皮剝《かわはぎ》人、乞食《こじき》、放浪楽師、風呂屋と床屋、娼婦《しょうふ》などは、「名誉なき人々」として扱われ、排除され、あるいは厳しくとり締まられたのです。

ハンザ同盟と海をめぐる都市

ドイツの重要都市は、内陸の川沿いだけではありません。じつは北の海沿いにもきわめて重要な都市ができたのです。北ドイツのハンザ同盟に加わった都市群です。

この同盟は北海、バルト海の諸都市が商業上の特権確保をねらって成立した連合体ですが、商人の組合というだけでなく軍事団体でもあり、政治的にも大きな力をもっていました。リューベック、ハンブルクなどの北ドイツ都市を中心に、ベルギーからエストニアまで、最盛期に

2-9　ハンザ都市ハンブルクの港風景

は一六〇もの都市が加盟していました。一二世紀には商人組合というより都市同盟となって、一三七〇年にはデンマーク王から、バルト海での航海自由の保障を手に入れました。

ハンザ同盟の諸都市は互いにネットワークを結び、活動範囲は、西はイングランドやフランドル、北はスカンディナヴィア諸国、東は北西ロシアにまで及んでいました。大型のコッゲ船で、穀物や木材、毛織物や毛皮、銅、魚、塩、バター、ビール、蜜蠟《みつろう》などが運ばれました。同盟は一七世紀まで継続しましたが、最盛期は一四～一五世紀で、その後オランダがバルト海に進出してきて低迷してしまいます。

海をめぐる北方商業圏を支配したハンザ同盟ですが、じつはハンザ都市の活躍にも、河川が大いに関係しているのです。エルベ川やヴェーザー川が北海に注ぎ、バルト海にはオーデル川が注ぎ、それらのいくつもの支流が遠く近く交わっていたからです。また川と川を結ぶ運河の存在あればこそ、遠隔地貿易が内陸の流通と結びつき、各地の市場で取引することができたのです。運河掘削《くっさく》は、一四世紀末頃から活発化していきます。

一六世紀には、マルク・ブランデンブルク地方を中心に領土を拡大していたホーエンツォレルン家が、ついにプロイセンをも相続します。そして一七世紀になると、北ドイツ一帯に進出していっそう版図を広げ、一七世紀後半以降には領土拡張と並んで、河川と運河の交通の整備を体系的に行うようになりました。これがハンザ都市に広い販路を提供したのです。

アルプスと峠道

中世ドイツにおける交通路・通商路としての川の圧倒的な重要性を説きましたが、もちろん陸路もありました。しかし一部の街道をのぞいて舗装《ほそう》もしていない悪路が多く、また森の中を通り抜けるために、道に迷ったり盗賊に襲われたりする心配もあって、安全な道を見つけるのは容易ではありませんでした。陸路を歩くのは、たとえば商人であり、使節であり、あるいは遠い聖地をめざす巡礼たちでした。冒険騎士や貴族たちは馬に乗って行きました。

ドイツには、特別な陸路があります。それはドイツとイタリアをつなぐ道、すなわちアルプス越えの道（峠道）です。言うまでもなくアルプスはヨーロッパの北と南を分かつ大山脈で、それは「アルプスのこちら」と「アルプスのあちら」との表現で、ローマ時代そして中世には、イタリア半島と大陸を分かつ文明の岐路でもありました。今では、フランス、スイス、オーストリアに属していますが、ドイツ語圏と関わる歴史が長かったのです。

ドイツ皇帝にとって、この道・峠は特別なものでした。なぜなら戴冠式のため、そしてイタリアが帝国領であることを確認するために、周期的にアルプスを越えてイタリアに行くのを責務としていたからです。数あるアルプス越えの峠のうち、ドイツ皇帝（王）とその軍隊は、ブレンナー峠を一番よく使いました。

九六二年のオットーの皇帝戴冠以来、イタリアとの政治的結びつきが緊密かつ頻繁になると、アルプスはイタリアと北方世界を切り離す障壁であるよりも、教皇と皇帝、全キリスト教世界を結びつける重要な絆《きずな》となっていったのです。

カロリング時代から、アルプス越境を楽にするために、宿泊所が一部の峠に設けられました。一一～一三世紀には交通が繁くなって、たいていの峠道に宿泊所が作られ、より快適な旅館まで登場するようになります。

さらにおなじ頃、いくつかのアルプス道沿いの荘園農民には、騾馬《らば》引き奉仕が義務づけられていました。一三ないし一四世紀からは、彼らのかわりに、専門の騾馬引きと運送業者の組合が各地に成立しました。彼らは決まった道程範囲で賃金をもらって商品や荷物を運んだのです。乗り物で通れるブレンナー峠を除いて、他のすべての峠道は一四世紀ないし一六世紀まで、騾馬や駄馬を利用してしか通ることができなかったのです。

峠道の近くに川や湖があれば、それが運搬を容易にしてくれました。峠道は冬も夏に劣らず往来がさかんでしたが、それは橇《そり》や多くの駄馬のおかげでした。峠道によって違いますが、運送には一か月近くかかることもありました。アルプスを越えて、高価な布地、香辛料、武器などがイタリアから運ばれ、反対に、奴隷や金属類がイタリアにもたらされました。

しかし、ドイツ(人)にとっての、アルプスのもつ「意味」は、こうした障壁にして通路、というだけではないでしょう。巨大な山塊が東西に屏風《びょうぶ》のように立ち塞《ふさ》がっているということで、いつも見上げる景観であった高い山脈は、近代になると越えるのではなく登る対象として、山自体が崇高な存在となっていきます。

アルプスの国と言えば「スイス」ですね。この山の農民・牧人らは、支配者の締めつけが厳しくなると、結束の固さを示して、反抗するようになりました。ボヘミア王オタカル二世(在位一二五三～七八年)と争って皇帝になったハプスブルク家の皇帝ルードルフの死後、ウーリ、シュヴィーツ、ウンターヴァルデンという三州の農民たちが何度も反乱軍を組織してハプスブルク軍と一戦を交え、事実上の独立を達成していくのです。

すなわち上記原初三州が一三一五年モルガルテンの戦いでハプスブルク家に勝利。翌年皇帝ルートヴィヒ四世から「帝国自由」の特許状を授与され、一三五三年には同盟州が増加して八州同盟、一五一三年には一三州同盟が結成され、一六四八年のウェストファリア条約で国際的に承認され、一八一五年のウィーン会議では永世中立国として認められたのです。

森の化身としての野人

ここで、中世ドイツ人の自然・森との深い関係を示す興味深い形象「野人」について見ていきましょう。「野人」はヨーロッパ中世人の想像の産物です(図2-10)。乱暴者のくせに気が小さくて、山や森のなか、とくに深い洞穴《ほらあな》に人目をさけて住んでいるとされました。いつも長い棒を手にもち、原始的な狩猟採集生活をしています。毛むくじゃらで四足歩行、人間の言葉をしゃべることができずガラガラ声を出すだけで、理性が欠如しているので、人間とはみなされないようです。

彼は森の化身というべき存在で、小人のように小さい、または逆に巨人や怪物に類するとされることもありました。善良で親切な野人と悪辣《あくらつ》で恐ろしい野人がいました。男だけでなく、夫婦であったり子どもを含めた家族であったり、と想像されることもありました。

この野人はヨーロッパの他の国でも文学や美術作品に登場しますが、ドイツではとりわけ民俗に馴染んだ存在でした。家畜の世話やチーズ作りを手伝ってくれることもあるのですが、その助言を聞かないとひどい目にあわされると考えられました。彼らが主役の野人劇、ダンス、行列も行われ、カーニヴァルや春の祭りには、彼らにふんした人々が町に出没したのです。

野人は、小人、コーボルト(家の精)、その他さまざまな妖精たちとも親近性があります。ドイツ人にはひときわ強い森への思い入れがあったからこそ、ずっと近代にいたるまで、野人は身近に生き延びて、伝説や童話に語られ続けてきたのでしょう。

2-10　野人

またドイツでは中世以来現代まで、葉っぱを体中にまとった「グリーンマン」が、カーニヴァルなどのお祭りの仮装行列に登場しますし、写本の挿絵、さらには一般家庭のドアや簞笥などの彫刻にも、ごく普通にその姿を見せています。グリーンマンも野人の一種です。教会の中にさえ、グリーンマンは彫刻されているのです。フライブルク、トリーア、バンベルク、マールブルク、シュトラースブルク（ストラスブール）などの教会で彼らを目にすることができます。

ふしぎな力をもつ修道女

つぎに、自然や森の恵みを深く思念した修道女を紹介しましょう。一二世紀の預言者、ラインのシビュラ（巫女《みこ》）であるヒルデガルト・フォン・ビンゲン（一〇九八〜一一七九年）という人です（本章扉絵、左下に描かれているのがヒルデガルト）。彼女は幻視を見る能力を賜り、それをもとに予言したことで有名で、宇宙と人間について独創的な思想を展開しました。

その一方で、彼女は自然に沈潜しました。それは理念としての自然であるとともに、現実の自然でもあったところに特徴があります。後者については、「植物」の力をめぐる独自の考えが重要です。彼女の著した『自然学』および『病因と治療』に如実に表れているその知恵の源泉は、ゲルマンの伝統と経験によるところが大きいと思われます。

彼女は「自然の物質には魔術的美徳が含まれており、それを知ることが必要だ」と述べ、植物とその効能の大地に根ざした聖なる形態学までも追究しました。東方の植物と西方の植物について、どれが医薬としての力が大きく健康維持・回復に役立つか、逆に危険はあるのか、季節・気候や、大気の霊・古代の神々の活動期間などとともに解明しています。

彼女は、病気の予後・予測・診断と植物ベースの薬の処方をも行っていたのですが、そこで打ち出されているのが、ウィリディタース（緑性）の概念です。「緑性」とは、植物に含まれる自然的物質ないし特性で、病気からの治癒力を高めるものです。ヒルデガルトにとって、それは単なる色や質ではなく実体であり、身体に効果的に作用するものでした。

緑性は、もとをたどれば大地の分泌物（体液）ですが、それが水と太陽を介して葉や花や果実に変容するのです。さらにそれは人体にも恩恵をもたらします。こうして緑性は、ヒルデガルトの思想において、健康についての中心概念、付加的な創造原理、一種の「若返りの力」になったのです。より広い見地からは、緑性は、まさにゲルマン的な多神教、自然宗教の流れを汲んだ、森と大地への賛美の思想であると言うことができましょう。

ちなみに、ヒルデガルトの影響でもないでしょうが、ドイツ人は現在でも抗生物質などの化学薬品の副作用を怖れて、自然療法がきわめて人気です。薬局・自然食品店には、薬草やそのせんじ薬がところ狭しと並べられています。胃腸の病、風邪、冷え、神経の不調などに合わせて調合される自然薬品には、中世以降の伝統、いわば緑性への信頼が息づいているのです。

第3章

宗教改革と自然の魔力

鉱山労働の様子

ドイツ史において、中世と近代を分かつ出来事は「宗教改革」です。これは単に宗教面での大転換にとどまりません。政治勢力や社会階層のぶつかりあいの中で、身分制度およびドイツ国制の骨組みを決めるきっかけにもなりました。

この時代の産業の中心は、鉱山業と繊維産業でした。商人・職人たちは、古い規制を嫌い、より自由な利潤追求のできる環境を求めました。そこには中世的なギルドの生産体制を脱した、資本主義の萌芽が見られます。それは改革を望ませる気運を醸成し、カトリック教会の病弊を鋭く突くことになったのです。

宗教改革は、文化的な革新とも手に手を携えていました。というのも、マインツの印刷業者グーテンベルク(一四〇〇年頃～一四六八年)が発明した活版印刷術のおかげで、宗教改革の創始者であるルター(一四八三～一五四六年)の考え方を記した著作が、ベストセラーになって広まっていったからです。彼が手がけた聖書のドイツ語訳も、一五二三年に五〇〇〇部、一五三八年には二〇万部が印刷されて、零細商人、手工業者、農民など、一般の人たちも読めるようになりました。

さらにパンフレットやビラのように安くて手軽に手にできるものも大量に印刷されて出回り、カトリック、プロテスタント双方による宣伝合戦が行われました。プロテスタントの教えに惹かれたデューラーやクラーナハといった画家たちも、その運動を助ける絵画を制作しました。このようにドイツを中心とする北方ルネサンスは、宗教改革と連動して展開していったのです。

ルターと宗教闘争

では宗教改革の原因と結果について見ていきましょう。中世末に、アヴィニョン虜囚《りょしゅう》（一三〇九〜七七年）、教会大分裂（一三七八〜一四一七年）と発展する世俗国家に翻弄《ほんろう》されて威信を失ったローマ教皇庁は、ルネサンス期に力と輝きをとりもどし、ローマの大改造にも着手しました。ですがそれは、福音の精神からのさらなる逸脱という副作用を伴いました。

そんな中、イギリスのウィクリフ、ボヘミアのフスなどの先駆者の跡にしたがって反抗の狼煙《のろし》を上げたのが、

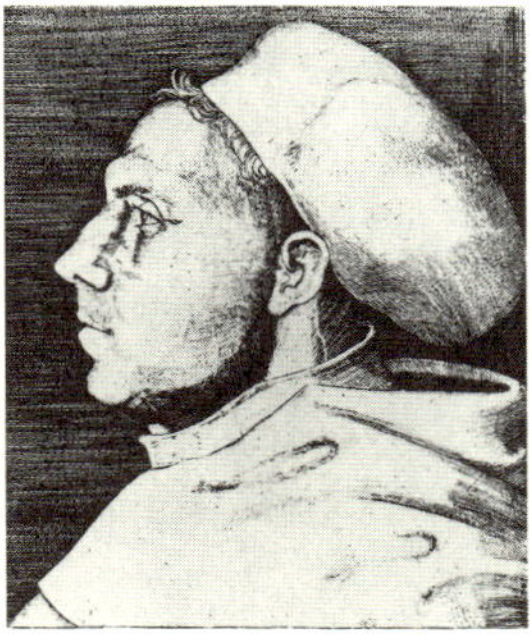
3-1　ルターの肖像

3-2　ルターの敵たち（教皇やカトリックの神学者たち）の風刺画

ドイツの修道士マルティン・ルターでした（図3－1）。彼は一五一七年、ローマ・カトリック教会で横行していた贖宥状《しょくゆうじょう》（免罪符）を腐敗の最たるものと非難し、神学教授として教えていたヴィッテンベルクにある城の教会に「九十五か条の論題」をはり出して「信仰のみによって人は救われる」と説き、大反響を巻きおこしました。この運動はまたたく間に飛び火し、スイスやフランスで新たな改革者を生み出すとともに、社会全体が既存秩序に反発するモードへと転換します。

教皇の破門を受けてもルターは屈せず、新しい教会を作り、北方の自然が厳しくより歴史の新しい領邦、ザクセン、ヘッセン、プロイセン、ブランデンブルクなどがプロテスタントになりました。ルター主義は東方植民によって「ドイツ」となった土地と北方ドイツ、スカンディナヴィア半島などにとくに蔓延していったのです。カトリックにとどまったカール五世は、一五二一年、ヴォルムスに国会を召集してルターに持説を撤回させようとしましたが拒否されたため、彼を帝国追放刑に処しました。そしてルターはザクセン選帝侯に保護されることになりました。

では宗教改革の前後、ドイツの国制と政治はどんな道程をたどっていたのでしょうか。一六世紀最初の神聖ローマ皇帝は、ハプスブルク家のマクシミリアン一世(在位一五〇八～一九年)でした。彼はブルゴーニュ公の娘マリと結婚してオランダ、フランシュ・コンテ、フランドルを手に入れ、諸方面から要求のあった帝国の改革に奔走《ほんそう》します。帝国議会、帝国軍、帝国最高裁判所を改革し、分立した領邦のため妨げられていた帝国としての政治・外交・司法・軍事を実質化しようとしたのです。しかし、これらの領邦を越えた組織は十分に機能せず、その後も領邦君主と諸都市が皇帝に対峙《たいじ》する図式は変わりませんでした。

ドイツはマクシミリアン時代、フランス王とずっと争い、東ではハンガリー、トルコと干戈《かんか》を交えました。マクシミリアンの息子フィリップ一世美公(ブルゴーニュ公、在位一四八二～一五〇六年)は、スペインのカトリック両王の跡継ぎファアナと結婚します。その子ドン・カルロスは、祖父や父がつぎつぎに亡くなったため、突如、カルロス一世としてスペイン王位に就くことになりました。カルロス一世は、一五一九年神聖ローマ皇帝に選出され、カール五世(在位一五一九～五六年)となり、一五三〇年にボローニャで教皇から帝冠を戴くにいたって、ハプスブルク家は、ドイツ、イタリア、スペインさらには新大陸にまたがる世界帝国を作り上げたのです。

カール五世はフランスのフランソワ一世と数次にわたってイタリア戦争を戦い、一五二九年にカンブレの和約を結びます。ローマ帝国に由来するカトリック的理念を重んじたカールは、ドイツ南西部の都市シュパイエルで帝国議会を開催し宗教改革を阻止しようとしますが、五名の帝国諸侯や一四の帝国都市の反対にあいました。彼らは三〇年、諸侯同盟(シュマルカルデン同盟)を結成し、皇帝およびカトリックに対立、皇帝のほうは、三九年カトリック諸侯とニュルンベルク同盟を結んで対抗します。

カトリック側は、トレント公会議(一五四五〜六三年)の開催を梃子《てこ》に自己改革を力強く推進しましたが、公会議参加を拒否したプロテスタントを弾圧する挙に出ます。これがシュマルカルデン戦争(一五四六〜四七年)で、いったんは圧倒的な軍事力の差により皇帝がプロテスタントに勝利したものの、領邦君主たちが、宗派を問わず、独立的権力を削減されるのを怖れて反発を強めたため、皇帝の統治権強化の試みは失敗してしまいました。

領邦教会の誕生

失意のカールにかわり、弟フェルディナント一世が開催したアウクスブルクの宗教和議(一五五五年)では、カトリックとルター派の帝国内二宗派が公に認められ(カルヴァン派、ツヴィングリ派、再洗礼派は不容認)「その領土の支配者が臣民の宗派を決める」ことになりました。個人の信仰の自由はまだなく、三〇〇もあった領邦の君主、帝国都市当局のみが信仰を選べること(=領邦教会)になったのです。

こうしてプロテスタントにもカトリックと対等な権利が認められたのですが、それゆえに、ドイツは救いがたい分裂が決定づけられました。帝国はもちろん、王国にも形式的な意味しかなくなってしまったのです。

しかもじつはアウクスブルクの和議で宗教対立が収まったわけではなく、その後も戦いは続き、新教同盟(一六〇八年)とそれに対抗する旧教連盟(一六〇九年)も結成されます。両者の背後には、それぞれ西欧のカルヴァン派勢力(とりわけオランダ)とカトリックの盟主スペインがいたため、ことはドイツだけの問題にとどまらず、隣国を巻き込んだ国際紛争が多発する原因にもなりました。

要するに、宗教改革とその後の宗教戦争の結果、ドイツには宗教に基礎をおいた領邦国家体制が成立したのです。それぞれの領邦が、いわば「初期近世国家」として内部で中央集権化が進められ、そこで君主の手足となる官僚が育てられ、行政組織が整備されていきました。

その際、臣民を従順にさせ、とくに聖職者や貴族・自治都市など、特権身分(領邦等族)をまとめるべく、結婚、家族、学校などをめぐって熱心に宗教的・道徳的教育を施し、規制を強めていきました。他方では、貧民救済や放浪者対策、社会福祉も進められました。領邦君主は宗教を握ることで、権力を強めていったのです。

ドイツ農民戦争と自然

話をルターに戻しましょう。このルターの改革を希望の到来と見たのが、長年にわたり領主の苛斂誅求《かれんちゅうきゅう》にあえいできた農民たちでした。都市が勃興して商人が富を享受しても、農民の生活は厳しいままでした。そこで一五〜一六世紀に「古き権利」を回復しようと、いくつもの農民反乱がおきたのです。最大のものは、一五二四〜二五年の「ドイツ農民戦争」です。ドイツ南部にオーストリアとスイスを含めて、大規模で多発的な農民蜂起《ほうき》が発生しました。

準備が整っていなかった聖俗諸侯は、農民軍によって城を焼かれたり、修道院が占拠されたりして、大いにうろたえました。しかしやがてシュヴァーベン同盟軍の最高指揮官ヴァルトブルクのトルフゼス・ゲオルクが率いる軍隊をはじめとする諸侯軍が攻勢を強め、一五二五年四月から二六年春にかけて、農民軍はつぎつぎ撃破され、七〜一〇万ともいわれる農民が虐殺されてしまいました。

じつは、この農民戦争も、自然と大いに関係しています。というのも、その発端は西南ドイツの森林地帯シュヴァルツヴァルトにあり、高地の南ドイツ一帯とスイス、さらに中部ドイツへと広がっていったからです。一五二四年六月二三日、シュヴァルツヴァルトのテューリンゲン方伯領農民が行動をおこして、シュヴァルツヴァルト・ヘーガウ農民団、アルゴイ農民団、ボーデン湖農民団、バルトリンゲン農民団、バーデン辺境伯領農民団、ブライスガウ農民団、

3-3　農民を襲う傭兵たち

アルトドルフ農民団、エルザス農民団、タウバータール農民団、ネッカータール・オーデンヴァルト農民団など、多くの農民団が結成されていったのです。これらは地勢的には、高地、渓谷、森深い地域の農民たちでした。山岳地帯の農民は平地農民より先進的だったのでしょう。

それからもうひとつ、農民への狩猟禁止と狩猟動物保護が懸案になっていたことにも注目しましょう。一

五二五年三月に上ライン地方および上シュヴァーベン地方の農民の苦情をまとめた農民要求「十二か条」が書かれ、二か月間に二五版、総部数約二万五〇〇〇部も印刷されて多大な影響を及ぼしました。農民たちは、十分の一税の廃止、村による司祭の任免権確保、体僕制廃止以外に、狩猟漁撈《ぎょろう》権の保障を求めていました。

たとえば第四条においては、貧しい農民に狩猟・漁撈の権利がないのは不当だと、禁令の解除を要求したほか、狩猟動物をお上《かみ》が保護しているせいで、農村の栽培物が食い荒らされて農民は苦境におちいっている、と訴えています。さらに第五条はまさに森林に関する条項で、共有林の伐採権を共同体に返還するよう訴え、森林保安員を選ぶべきだと記しています。

ブロッケン山の伝説

この時代、山に関する伝説・俗信がますます流布していきました。鉱山業の活発化で山はより接点の多い場所になりましたが、それでもなお自然の脅威はあなどれない、という過渡的な時代だったからでしょう。山にはそれぞれ山の霊がいて、鉱山事故で地下に閉じ込められた鉱夫を救ってくれたとか、山の岩石は水分や養分を分泌する生きた母胎で、大地の胎内に入り込んで仕事をする鉱夫を養ってくれた、というような逸話がいくつもあります。

特別に冥界《めいかい》とされている山もありました。たとえば、現在のオーストリアはザルツブルク近くにあるウンタースベルク山の内部は洞になっていて、教会、修道院、宮殿、庭園、金銀の泉があって小人たちが見張りに立っている、ということです。グリムの『ドイツ伝説集』(一八一六、一八年)に出てきます。

また、キフホイザーはドイツ中部のハルツ山地の南、テューリンゲンとザクセン＝アンハルトの境域にある山ですが、そこで、フリードリヒ赤髭王(バルバロッサ)が最後の審判が来るのを待っているという伝説もあります。先述のとおり十字軍遠征中に溺死してしまったバルバロッサですが、彼はキフホイザーの洞窟《どうくつ》で今なお眠っているとされたのです。石のテーブルに腰掛けて眠っている彼の髭はどんどん伸びて、テーブルを何重にも巻いているそうです。彼は、自分が必要とされる王国の決定的な時期を待っているのです。

この伝説は、もともとは孫のフリードリヒ二世に関するものでしたが、一六世紀にバルバロッサも加えられました。バルバロッサのホーエンシュタウフェン家は威信と人気がありましたが、自然の中の「山の洞窟」で眠るという点が、さらに威信を高めたのだと思います。これとよく似た、山や洞穴に眠る帝王の話はいくつもあります。

もうひとつ、この時代に盛り上がったのは、山と魔女の結びつきを示すお話です。ハルツ山

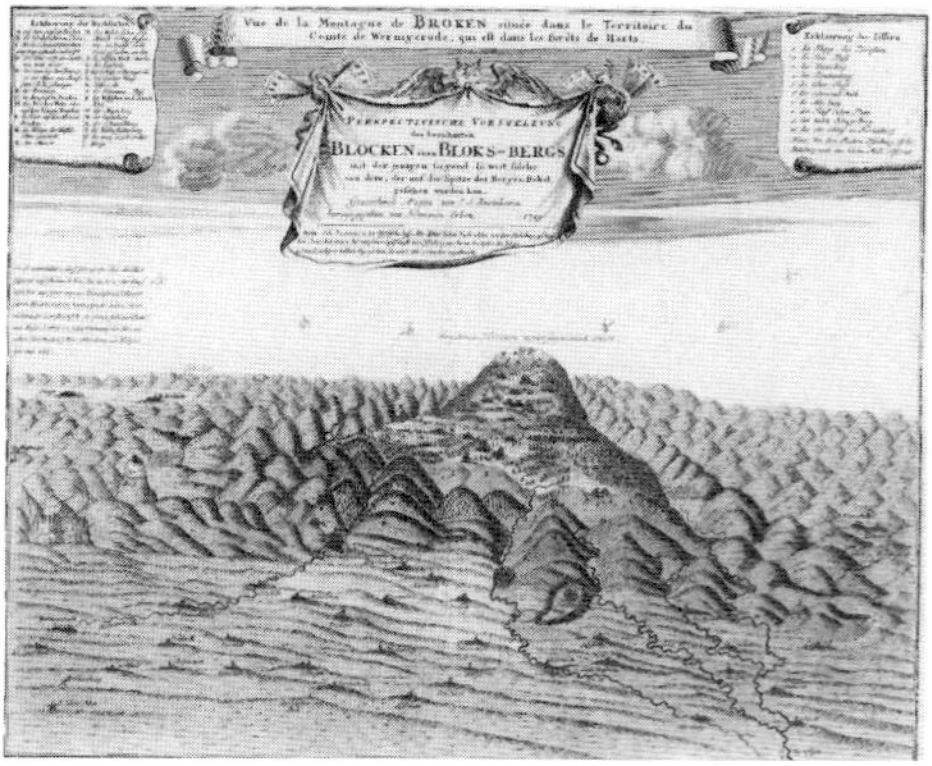

3-4　ブロッケン山．上空に小さく魔女が飛んでいる

地の最高峰ブロッケン山は、標高一一四一m。いつも霧でおおわれています。四月三〇日の夜になると、そこに魔女が集まって悪魔崇拝の集会「サバトの宴」を開くとされているのです。

元来、ゲルマンやケルトの宗教などキリスト教以前の異教が、春の訪れを祝うため、この日にヴァルプルギスという祝祭をしていたのですが、その異教を抑圧するべく、キリスト教会はその日を悪魔化して、魔女の暴れ回る日にしてしまったようです。

ブロッケン山とヴァルプルギスの夜については、ゲーテの作品『ファウスト』(一八〇八、一八三二年)で有名です。第一部の最後近くで、メフィストフェレスに誘われたファウストは、ブロッケン山に登って、魔女たちがくり広げているヴァルプルギスの夜の狂態に魅惑され、上手に歌を歌う美しい魔女と踊り始めるのです。

「魔女」は、平地よりも山岳地帯に多く誕生しました。次節で述べる魔女狩りの起源は一五世紀初頭のアルプス山脈西方（スイス）にあり、とくにベルン領域に多数の魔女がいたとされています。

魔女迫害の真相

魔女に触れましたので、近世ドイツの社会・宗教界をゆるがした「魔女狩り・魔女迫害」についで述べていきましょう。そこにも自然との深い関わりがうかがえます。

「魔女」というのは、ヨーロッパ各地で、一五世紀から一八世紀にかけて教会裁判あるいは世俗裁判に掛けられて迫害された無辜《むこ》の人たちです。その出現は一五七〇～一六四〇年に集中していました。男もいないわけではありませんが八割方が女性で、子どももいました。

迫害のきっかけは、共同体に説明のつかない病気・死、あるいはひどい天候不順や飢饉《ききん》、害虫被害などがあると、弱い立場の人物が標的になって責任を負わされたためでした。

一般に信じられたところでは、「魔女」は悪魔と契約を結んで悪事を働きます。たとえば毒薬を作っては人や動物に盛り、邪視の力でそれを受けた者を病気や死にいたらしめ、穀物を枯らしてしまいます。さまざまな妖術・まじないで、流産をもたらし、男性器を消し去り、幼児

3-5　ほうきに乗って出かける魔女

を殺すとも信じられました。魔女は定期的に、夜になると悪魔からもらった膏薬《こうやく》を塗り、ほうきに乗って飛行してサバトへ赴くとも考えられました。彼女らはそこで悪魔を礼拝し、子どもを食べ、激しいダンスをし、再びほうきに乗って家に戻り、何もなかったかのようにふるまうのです。

　魔女は、近隣者や家族の告発によって捕まり、裁判にかけられました。裁判官は悪魔を研究する「悪魔学者」が整えたマニュアルに沿って尋問しました。決まりきった質問にしかるべき答えをするまで許さず、体中を針で刺していく検査や水責め、脚責め、爪剝《は》がしなどの拷問《ごうもん》をして「私は魔女です」と告白させたので、有罪率はきわめて高かったのです。無理強いした告白では、悪魔との契約や、夢魔との性交、サバト行き、さらには一緒にサバトに行った親族や友達の名前を言わされました。

　魔女迫害とその処刑の約四分の三がドイツを中心とした神聖ローマ帝国で行われたとされ、被害者は全体で約三万人にも上るそうです。マインツ、ケルン、トリーアの選帝侯領、その他の司教領、ドイツ騎士団領など、教会組織が力をもっていた地域では、なおさら魔女迫害が荒れ狂ったのです。

なぜドイツは魔女が多かったのか

なぜ魔女狩りは圧倒的に、ドイツに多かったのでしょうか。その理由として、プロテスタントとカトリックの宗派対立で信仰世界が真っ二つに分裂し、魂の救いや世界の秩序にかつてない不安・疑念がわきおこったことが挙げられます。また、ドイツには中央権力が完全に欠落していたため、地方小権力による勝手な抑圧が横行し、歯止めが効かなくなっていたのではないか、とも説明されています。

「魔女」とされた女性たちは本来、先述のヒルデガルト・フォン・ビンゲンがそうであったように尊敬の対象でした。薬草の知識をもち、ときに産婆も務め、占いをして近隣村人を助けていました。反自然的性格を示した中世カトリックに抗して、物質、自然物、肉体の知識を高めて、さまざまな病に苦しむ人々を援助していたのです。

この苛烈《かれつ》な魔女迫害の原因を探るのに、「自然」の精の権化としての女性、その女性の神秘性に男性が感じる畏怖と嫌悪の情、という側面を参照することもできるかもしれません。

どの地域よりも自然に深くコミットしてきたドイツだからこそ、そしてヒルデガルトのような、植物の知識から宇宙と人体の照応へと思想を展開できるような女性を生み出す地域だったからこそ、善悪や肯定否定の図式が逆転したとき、他に類を見ないほどの女性迫害がおきてしまったのではないでしょうか。

もうひとつ、ドイツ的な要因として、公的権力による規律化が強力になり、君主の権力維持のために「魔女」が創り出される仕組みができあがっていた、ということもあるのではないでしょうか。つまり、厳しい規律を維持するためには「悪から正義を守る君主」というイメージが重要で、罰する対象の悪者がいるほうが、都合がよかったのです。

3-6　魔女のサバト

こうした公的な権力による規律化のことを、ドイツでは「ポリツァイ」という用語で呼んでいます。ポリツァイとは、良い正しい秩序とそれを樹立ないし再興するための統治・統制活動のことですが、一五世紀末からは多くの領邦・都市において(また帝国全体でも)ポリツァイ令が発布されて、宗教、経済、衛生、家庭など、生活のさまざまな面を規定していました。それによって、身分秩序や宗教道徳が押しつけられ、しばしば息苦しい、縛りつけ状態になりました。ドイツでは、魔女追及も、正しい秩序・道徳を実現するためのポリツァイの対象になったのです。

おそらく、この規律化、ポリツァイの対象にねらいを定められたということと、自然との深い関わりのいびつな展開、という二点が、ドイツ近世において凄惨な魔女狩りが行われた理由だと私は思います。

王宮がおかれた鉱山町ゴスラー

中世後半から一八世紀まで、ドイツでは鉱石発掘とそれに関連する工業が、領邦と都市の富の源泉でした。そして近世ドイツは、鉱山開発の盛況とそれを中心とした富の蓄積が行われた時代でもありました。鉱山業はお金になるスター産業だったのです。

鉱山では、かつては水車の動力で、浅いところから掘り出した鉱物を地上に運んでいましたが、一二〜一四世紀に技術革新し、深い竪坑《たてあな》が掘れるようになりました。ドイツ各地で銀、銅、錫《すず》、鉛《なまり》が採掘され、とりわけ銀の産出は世界一でした。鉱山支配権をもつ領主は、そこから大変な収入を得ることができました。

中世ドイツでもっとも重要な鉱山は、ザクセンのゴスラーでした。この鉱山発見にまつわる伝説があります。ザクセン朝の王オットー一世がゴスラーの東の町に滞在したときに、家臣のある騎士にハルツ山地まで狩りに行かせました。山が険しく馬では進めなかったので、馬を木にくくりつけて歩いて狩りに行ったところ、戻ってみると愛馬が蹄《ひづめ》で地面を掘っていました。そこに鉱脈が見つかった、という話です。これは一六世紀に作られた伝説で史実ではないようですが、いずれにせよ、ハルツ山地には銀山が発見され、王は鉱山からの収入をあてこんでその鉱山を保護しました。そのために、ゴスラーに宮廷をすえたのです。

一一世紀初頭、ザクセン朝第五代の王ハインリヒ二世がまずこの町に宮廷をおき、ついでザリエル朝のコンラート二世が王城の建造を続けました。以後二〇〇年にわたって、この町は帝国議会が開かれるほど重要になりました。一二世紀にはこの町をめぐって皇帝フリードリヒ・バルバロッサ(赤髭王)とザクセン公ハインリヒ獅子公が苛烈《かれつ》な争奪戦をくり広げたほどです。

ゴスラーはその後も順調に発展し、一三世紀になるとハンザ都市のひとつ、ザクセン都市同盟のひとつとなります。ゴスラー鉱山はランメルスベルク(町の南方の鉱山の名から)とも呼ばれ、一九九二年に世界文化遺産に登録されました。

フッガー家と鉱山開発

ドイツの鉱山業は、もちろんゴスラーにとどまらず、中級山岳地帯、すなわちアイフェル高原、エルツ山地、ハルツ山地、ザウアーラント、シュヴァルツヴァルト、シュヴァーベン高地、ズデーテン、テューリンゲン山地などが、ずっと担ってきました。こうした「山地」「高地」では、金はわずかでも銀は豊富で、領邦君主の懐はそのおかげで大いにうるおいました。やがて鉄鉱石も見つかり、近くで鉄工業も発達することになります。

そもそも、本章最初で説明してきた「宗教改革」「農民戦争」にも、鉱山開発は無関係ではありません。フッガー家はヴェルザー家とともに鉱山開発と金融業で重きをなし、ヨーロッパ経済を左右するほどでした。彼らは一四世紀にアウクスブルクに登場し、ノイゾール鉱山をハンガリー王から借りて銀を採掘、精錬《せいれん》してまた売っており、ヤーコプ二世時代（一四五九〜一五二五年）に、銀の取引で富裕化しました。ヤーコプ二世はティロル公ジギスムント、ついでマクシミリアン一世に銀の先買権を担保に多額の融資をして利益を確保するところから始め、坑口経営に直接携わったり精錬所を設立したりもしました。また銅がカノン砲などの武器に不可欠で需要が伸びると、それを標的にして巨利を築いていきました。

ひどい待遇に苦しむ鉱山労働者は、しばしばストライキをしたり反乱をおこしたりしました。そしてまさに農民戦争に関連して、ザクセンの東端のエルツ山地で一五二五年、鉱山労働者の反乱が発生したのです。

鉱山労働者は市庁舎、鉱山監督官屋敷、城などを襲ってあらゆる証書類・謄本簿《とうほんぼ》を破棄し、要求を「一八か条」のか条書にまとめて、経営者側に突きつけました。他の鉱山にも同様な動きは伝わり、さらには鉱夫の中に、農民戦争の指導者となって活躍した者もいました。もちろん、鉱山経営者のフッガー家は領主側を支援しました。

ちなみに、ルターの父親は、のちに管理職にまで昇ったザクセンの鉱夫でした。ルターはこの父との葛藤の中で宗教家になっていきます。ルターの思想に鉱夫的なものがあるとまでは言わないにしても、これは興味深い事実です。

各地に散らばる鉱山町

ところで、鉱山業には森の存在も必要でした。木材を燃料にして、鉄を溶融するためです。鉱業地帯と森や山は不可分であり、森と山という、ドイツが他のヨーロッパ諸国のどこよりも豊富に擁する地勢が、この産業を育んだと言えましょう。

ザクセンの鉱山都市としては、ゴスラーのほかにはその東方のマンスフェルトの銅山や南ザクセンのフライベルク、シュネーベルク、アンナベルク、マリーエンベルクなどの銀山が知られています。ティロルの鉱山もよく知られ、初期には鉄山がいくつも開発されていましたが、中世末からはシュヴァーツ銀山をはじめとする銀山がより重要になりました。さらにモラヴィアにはイグラウ銀山などがあり、南ザクセンに接したボヘミアのクッテンベルクでは一三世紀後半に非常に大きな銀山が発見されて、一三〇〇年には銀貨鋳造を始めています。一六世紀に発見されたヨアヒムスタール銀山も、きわめて重要です。

より本格的な鉱山業の飛躍は一四～一六世紀で、これにより領邦君主はその力をいっそう伸長させました。領邦君主にとって鉱山十分の一税は、産出金属の先買権による利益とともに大きなもうけになったのです。領邦の事業として鉱山開発が組織化していくと、領邦の鉱山官僚が、支配人、十分の一税徴収官、造幣所長、鉱山裁判官などとして任命されていきます。さらに莫大な数の賃金労働者と経営者を仲介するために、鉱夫組合もできていきました。先述のフッガー家のような大資本家が鉱山株を多数取得したり、あるいは財政難の領邦君主への貸付の見返りに鉱産物の先買権を取得するなどして、この業種に大進出してきました。

労働体制を見てみると、たとえばシュヴァーツ銀山の一部のファルケンシュタイン地区では、最盛期の一五二〇年代には数十の鉱区があり、十数tの出鉱があったそうです。地区全体で数千人が働きましたが、鉱区ごとに一〇〇～五〇〇人と労働人数に差がありました。一坑口あたり数人が働き、坑道造り、掘削、搬出、精錬、排水などの作業を、当初は分業なしで行いました。しかし技術革新の結果、地下深く掘っていく竪坑採掘が可能になると、分業化していったのです。

近代工業にとってより重要であったのは「炭鉱」ですが、それについては第5章で述べることにしましょう。

塩が支えた都市の発展

ドイツには製塩都市が軒並み並んでいます。生活に欠かせない塩は、古代よりときの権力者たちが独占を志し、統制物資としてそこから税金を徴収して懐をうるおしました。中世の税金の一種である「ガベッラ」は、間接税、物品税ですが、それはもともと「塩税」として徴収されたのです。

海沿いの町では天日干しの製塩業が栄えますが、じつはヨーロッパには、太古の海水が蒸発して塩が層状に堆積した岩塩鉱がたくさんあります。地中海に面していないドイツでは岩塩がより主流であることは、言うまでもありません。塩は大きな利益になり、都市の発展を支えました。

ドイツの岩塩産出都市は、その多くが内陸にありました。ドイツ語で岩塩のことを「ハリート」といいますが、ハル、ハレ、ハルシュタット、シュヴェービッシュ・ハル、ライヒェンハル、などの都市名は、その地で岩塩業が大昔から行われていた証拠でしょう。

製塩には、岩塩の切り出し（乾式）のほか、塩泉を煮沸して塩を取り出すやり方（湿式）がありました。煮沸には大量の木材が必要で、川を使っていかだ輸送し木材を陸揚げしました。ですから塩も「森」や「川」と不可分でした。森林管理をしっかりしてこそ製塩業が続けられたので、資源の利用を計画的で持続可能にする工夫が、各製塩都市で行われました。

ドイツではオランダとの国境に近いボルトの岩塩鉱が昔から有名で、オーストリアには、アルプス山中の美しいハルシュタット湖のほとりにハルシュタット岩塩鉱があります。そこでは三〇〇〇年前から岩塩が採取されていたそうですから驚きです。またおなじくオーストリアのインスブルックから東へ八㎞ほどのハルという町は、一三世紀半ばに岩塩鉱が発見されて大変な産出量をもたらしました。ティロル伯が開発する権限をもっていたのですが、一四世紀半ばには年間三〇〇〇t採掘され、国家予算のほぼ三割が岩塩による収入だったのです。

自然学と錬金術

銀山、鉄山、炭鉱、岩塩鉱と、ドイツの重要産業を育み支えたのは、まさに「山」と「大地」の恵みであったことがわかります。また精錬には大量の「水」が、物資運搬には「川」が必要で、溶鉱炉で金属を溶融するためや塩泉を煮沸するための燃料を「森」の木材が提供していたことを思えば、「森」と「川」がそれらに協力して、近世から近代にかけてのドイツの経済・社会の発展を後押ししたのだと断じてよいでしょう。

この時代、こうした自然と人間との身体的・社会的な深い関わりは、前章で述べた「山」についての神秘的な伝説を生んだだけではなく、自然学を発達させる機縁にもなりました。

鉱山に直接関係のある人物としてまず挙げられるのが、G・アグリコラ(一四九四〜一五五五年)です。彼は著名な鉱山学者であるとともに医者でもあり、『デ・レ・メタリカ(鉱物について)』を著し、一五五六年に出版されました(図3-7)。これは自分が住んでいる土地の鉱山業の有様を観察してまとめたもので、探鉱、採掘、冶金、精錬などの最新技術を詳しく紹介し、鉱山の有用性を説いています。各所で迷信を批判しているのですが、それでも神秘的な鉱山への視線もあります。たとえば山の精霊を、「危害を与える悪者」と「作業をまねておもしろおかしくふざけるだけの善良の者」に分けていたりもします。

また対話体のラテン語で一四九二から九五年に世に出た『ジュピターの裁き』という著作が、鉱山都市で教職を奉じた人文主義者シュネーフォーゲル(パウルス・ニアウィスとも称される)によって書かれました。そこで彼は「銀鉱脈発見後の富にとりつかれた人間は、採掘で自分を産み落としてくれた母なる大地を傷つけ血を流させるのみか、古来の神々への崇敬を忘れてしまっている」と鉱山での採掘を一応批判はしているのですが、他方では、大地の息子たる人間が社会的利益のために鉱山開発をして自然破壊せざるをえない事情を紹介し、採掘にも理解を示しています。

3-7 『デ・レ・メタリカ』挿絵. 窯室での精錬作業など

以上の著作家たちは、鉱山採掘を推進するにせよ批判するにせよ、大地を「生きた母なる神秘の母胎」とするような、ドイツ特有の有機的イメージをもっていました。じつにこの時代は、科学・自然学の一大転換期でありました。ドイツにも自然学諸分野、とりわけ錬金術・魔術に関する書物がおびただしい数、現れました。鉱山についての思索が錬金術的、魔術的なのは、そのためでもあります。

錬金術的、魔術的という点でもっとも代表的なのは、パラケルスス(一四九三/九四～一五四一年)という錬金術師・医化学者です。彼はスイスのアインジーデルンで生まれてイタリアで学んだ後、スイスのバーゼル大学教授に迎えられましたが、その思想が過激だったため放逐《ほうちく》され、長く流浪の生活を送りました。彼は人間すべてを癒すための錬金術を志す中で、鉱山の労働者に流行っている病を研究して、錬金術の水銀、硫黄《いおう》に、第三の元素として塩を加えた物質の原理説を展開。加えて鉱物的な医薬品の開発にも力を尽くしたのです。

グラウバーの『ドイツの繁栄』

もう一人、一六〇三年生まれの自然哲学者J・R・グラウバーも重要です。彼は独学で化学哲学を修め、化学器具を各種開発し、つねに同朋と祖国に利益をもたらしたいという願いをもち続けました。その著書『ドイツの繁栄』(一六五六～六一年)には、次章で述べる三十年戦争がドイツに与えた荒廃を克服し、戦後の経済問題解決に向けて自分の研究を生かそう、そしてトルコ人の危険な侵略からキリスト教世界を守ろうという気概が見られます。「ドイツはほかのヨーロッパのいかなる国より自然の宝に富んでいる、秘められた富をもつドイツこそが世界の王となるべきだ」と確信した彼は、その富を浪費せず、いかに節約しつつ国富を増大させるべきかを記しました。そこでは、ブドウ酒とビール、小麦が余剰生産された際に、それらを無駄にしないための濃縮過程の技術を伝授し、戦争で包囲されたときのために、城主らはその濃縮物を貯蔵しておくよう忠告しています。

グラウバーの考えるドイツの富とは、肥沃な土壌から生まれるブドウと小麦のほか、木材でありまた鉱物でした。彼は「豊富な鉱物は、錬金術的な手段によって純化すれば大きな利益を上げられる。火と塩によって卑金属を貴金属に向上させうる」としました。そして「国土の大部分をおおう森林も国家利益のために伐採すればよい」と説き「木材を燃焼させると灰から貴重な塩が生じ、その塩には酒石と硝石《しょうせき》という大切な商品が含まれている」とも述べています。「硝石は医薬の原料になり、農民には堆肥《たいひ》のかわりにもなる。さらには火薬の原料としても不可欠なので軍隊強化に役立つ」として、「木材は燃やすかわりに、自分の考案した手法で圧縮して樹液を絞り出せばより効率的に塩を生じさせることができ、社会の多くの人々に役立てられる」とも述べました。

以上、名前を挙げて紹介した学者たちは、まさに、自然を魔術的存在とする見方と、近代的な化学実験への志向を兼ね備え、自然の操作をドイツの産業・社会発展につなげられると信じていました。近世ドイツに生まれるにふさわしい人物たちだったと言えましょう。

第４章

ハプスブルク帝国から
ドイツ帝国へ

鹿狩りに行くマリア・テレジア

一七世紀のドイツの歴史は、オーストリアとプロイセン両国を軸に進みます。南と北に位置するこの両領邦だけが、他国を従わせてドイツ統一をもたらす可能性のある勢力だったからです。それはヨーロッパ最大の宗教戦争「三十年戦争」(一六一八～四八年)の結果生じた事態でした。まずこの三十年戦争から話を始めましょう。

三十年戦争とその結果

三十年戦争は、ボヘミア王位に就いたハプスブルク家のフェルディナントがプロテスタントを弾圧し、カトリックへの改宗を強要したことがきっかけでした。しかしこれは単なる宗教戦争ではなく、フランスのブルボン家とオーストリア・スペインのハプスブルク家の対立が背後にあったのです。

ハプスブルク家には教皇、イタリア諸国家、ポーランドが、反ハプスブルク家側にはフランス、オランダ、イギリス、スカンディナヴィア諸国、スイスなどが付いて、すさまじい戦いになりました。一七〜一八世紀にはフランスがカトリックの指導者になり、オランダおよびイギリスがプロテスタントの雄となりましたが、ドイツ内部の宗教対立は、こうした国外の両勢力対立へと連鎖していったのです。

ハプスブルク側ではボヘミア貴族の大将ヴァレンシュタイン、反ハプスブルク側にはデンマーク王クリスチャン四世が主役として加わり、つぎの段階では、スウェーデン王グスタフ・アドルフが北部ドイツのプロテスタントと結びついてさっそうと躍り出ますが、雌雄を決することはできませんでした。

フランスは宗教的立場としては敵対するはずのプロテスタントのグスタフ・アドルフと組みまでして影で糸を引いていましたが、一六三五年四月にあらためて表に出て宣戦布告し、さらには、デンマークとスウェーデンの対立、オスマン帝国の介入もあって、状況は複雑さを増していきます。

一六四八年、ようやくウェストファリア条約が結ばれ、フランスはアルザス領をオーストリアから得たほか、ロレーヌ地方の三つの司教領も手に入れました。スウェーデンも北海、バルト海沿岸部を獲得、オランダとスイスは完全に独立が認められました。

かたや長年戦場となったドイツは荒廃し、一七〇〇万人ほどいた人口も三分の一が失われました。多くの村が消滅し、帝国はますます有名無実化してしまいます。領土をフランスやスウェーデンに割譲したのみか、三〇〇以上の帝国等族（領邦、都市）が主権をもつことが、ウェストファリア条約でも再確認されました。また、カトリック、ルター派、改革派（カルヴァン派）が主要三宗派となり、それらと異なる宗派も、一応存在は認められました。

プロイセン対オーストリア

以後一七世紀後半から一八世紀にかけては、プロイセン（プロテスタントのホーエンツォレルン家）と、オーストリア（カトリックのハプスブルク家）両国が「ドイツ」の将来の運命を決する覇権《はけん》争いをくり広げます。

一五世紀以降、ポーランド西側国境に近いブランデンブルク辺境伯領（ついで選帝侯領）は、ホーエンツォレルン家の封地でした。もともと、より東方のバルト海沿岸にあるプロイセン公国が、同家出身のドイツ騎士団長アルブレヒトの領土であったことから、一六一八年には両者が統合されることになりました。

選帝侯フリードリヒ・ヴィルヘルムは、一六四〇年プロイセン公国の大改革に取り組み、友好関係にあったオランダ人たちを大挙移住させて、貧しい土地を豊かな耕作地に変えました。

またフランスで迫害されたユグノー(プロテスタント教徒)には有能な職人や工場経営者が多く、彼らを大勢受け容れて、工業・貿易を活発化させたのです。さらにライン川下流沿岸の小領地が併合されたほか、ウェストファリア条約では、マクデブルク大司教領や東ポメラニアなども加わりました。そして一七〇一年、東プロイセンのケーニヒスベルクでフリードリヒ一世がプロイセン王に戴冠することで、プロイセン王国の本来の歴史が始まるのです。

プロイセンは軍事国家化を進め、フリードリヒ・ヴィルヘルム一世(同名の選帝侯の孫、在位一七一三〜四〇年)を中心に富国強兵を図りました。衣食住の贅沢を諸侯らにやめさせて質実剛健な気風を広め、八万人の常備軍を備えて規律正しい訓練をしました。こうして国家の権勢は高まり、官僚主義的な軍事国家が作り上げられていったのです。

一七四〇年には息子のフリードリヒ二世(在位一七四〇〜八六年)が即位しました。彼は、のちにフリードリヒ大王と呼ばれる偉大な王で、プロイセンの強国化(産業育成、常備軍増強)にも大いに尽力しました。

まず彼は、ハプスブルク家相続問題に横槍を入れ、オーストリアの鉱山資源の宝庫たるシュレージエンを占領しようとしたので、シュレージエン戦争が発生しました。フランスはプロイセンを支持しましたが、オーストリアを治めるマリア・テレジア(在位一七四〇〜八〇年)はイギリス、オランダ、ザクセンなどと同盟しました。
一七四五年、プロイセンはシュレージエンの確保を条件として、マリア・テレジアの夫ロレーヌ公フランツ一世を新皇帝として認めたため、三代前の神聖ローマ皇帝ヨーゼフ一世の娘と結婚していたバイエルン選帝侯カール・アルブレヒトが、オーストリア王位継承戦争をおこし、フランスの支持を得て王位を狙いました。しかしその企ては失敗し、一七四八年一〇月アーヘンの和約が結ばれました。

しかしその後、七年戦争（一七五六〜六三年）が発生しました。マリア・テレジアは、今度はフランスと同盟してロシアもそこに参加したため、プロイセンは三国相手に何度も苦杯をなめ、多大な損害を受けました。それでも国際情勢の有利な展開、敵国の財政困難・厭戦《えんせん》気分や王の急死などが幸いして、なんとか七年戦争に勝利し、フベルトゥスブルク条約でシュレージエン領有が確認されました。

フリードリヒはその後重商主義を推し進め、フランスのユグノーを受け容れて、金融業・手工業を発展させ、ユンカー（農業企業家）を重視しつつ国力を増強しました。さらに一七七二年にはロシア・オーストリアとポーランド分割を図って、西プロイセン、エルムラント、ネッツェ川中流域を併合し、一七七八年にはバイエルン継承戦争にも加わりました。官僚組織の整備、軍事再編、農業や絹織物業の育成、法典編纂《へんさん》、司法改革なども断行しました。

では、かたやオーストリアは、どうだったのでしょうか。オーストリアは一七世紀まで諸領邦およびボヘミア、ハンガリー諸王国の集合体で、しかも東西からトルコ、フランスが攻め入ってきて、王権確立は容易ではありませんでした。三十年戦争で勢力・権威とも激減したものの、度重なるオスマン・トルコの攻撃をしりぞけ、一六九九年にはハンガリー全域をオスマン帝国から奪い取ります。その結果、広大なオーストリア＝ハンガリー帝国が成立し、往時の輝きをとり戻します。国内の政治・行政機構も整備されていきました。

一七一一年、ヨーゼフ一世が急死して弟のカールが即位、カール六世(在位一七一一～四〇年)となります。彼はスペイン王位をめぐっても、ルイ一四世の孫フェリペ五世に対抗して権利を主張しました。するとレオポルト一世(在位一六五八～一七〇五年)時代から継続するスペイン継承戦争(一七〇一～一四年)で、オランダとともに神聖ローマ帝国に協力していたイギリスが寝返り、対仏大同盟から脱退してしまったのです。ユトレヒト条約が一七一三年に、ラシュタット条約が翌年に結ばれ、それによってカールはスペイン王位をあきらめざるをえませんでした。

カール六世に男子はなく、娘マリア・テレジアを跡継ぎにしようと、国事詔書を発して女子への相続権を認めました。家督を継ぎ事実上の女帝になったマリア・テレジアは、先述のようにプロイセンにシュレージエンは奪われてしまったものの、国内をしっかりと統治し、軍事・財政・行政を改革しました。また、一六人もの子をもうけたことでも知られ、フランスのルイ一六世に嫁いだマリー・アントワネットは、マリア・テレジアの第九子でした。そして夫の死後は、長男ヨーゼフ二世(在位一七六五~九〇年)と共同統治を始め、農民たちも人間的に扱おうと賦役を軽減したほか、イエズス会を解散し、産業育成にも努めました。

しかし、母の影響を受けた息子ヨーゼフは啓蒙《けいもう》専制君主として知られていますが、性急なたちで改革は失敗、領地回復・拡大も思うようにできませんでした。

プロイセン、オーストリアのほかにも、ザクセン、ハノーファー、バイエルンなどの領邦が、重商主義的経済政策を採用して経済力を高めていきました。いずれにせよ、カトリックが圧倒的な南部のオーストリアと大半がプロテスタントの北部のプロイセンが、まさに互角の勢力として、ドイツ統一のイニシャチブを争い合うことになったのです。

領邦の中の都市

三十年戦争後、公領、伯領、騎士領、帝国都市、司教領、修道院領などが一八〇〇ほども林立し、領邦分立主義が体制化されていきました。法体系がそれぞれの領邦で別だったばかりか、いくつもの関税が敷かれて商業が妨害されていました。関税をたくさん設けることで領邦君主は労せずして懐をうるおしたのですが、これは商人はじめ、一般市民の生活にとってはきわめて不便でした。多くの諸侯はそれなりに自分たちの領邦を「絶対主義国家」のように強盛化して文化の中心地にしようとも、もくろみました。しかしそれは、あくまで自分たちの利害が損なわれない範囲内であったのです。

当然、都市の自律性や自由も抑圧されていきます。というのも、都市財務官が、領邦君主の監察官として都市の中に入りこんできたからです。領邦君主の介入は強力で、君主は都市経済を左右する力をもつ軍服・武器産業をあやつることも、軍事裁判権を通じて市民生活に干渉することもありました。政治に関わるのは貴族らのみで、一般市民は教師、裁判官、牧師あるいは低位の官吏に就くのが関の山でした。

そもそも宗教改革は都市自治精神を活発化させるはずのものでしたが、結局、領邦都市は諸侯のようには宗派選択権を認められず、外部の攻撃にさらされることとなり、政治的には弱体化していきます。多くの領邦令は、身分制に則った社会秩序を維持しつつ領邦臣民体制を敷き、公共の福祉の名のもとに、農民のほか手工業者・小市民の日常生活にまで立ち入って厳重に監視し、規制していったのです。

啓蒙専制君主フリードリヒ二世とジャガイモ

プロイセン王国はドイツ統一に中心的な役割を果たします。その二代目が、フリードリヒ大王です。この大王について、もう少しくわしく調べてみましょう。

剛毅な父王フリードリヒ・ヴィルヘルム一世とは対照的に、フリードリヒ二世は、フランス文学を愛し音楽を好み、哲学者ヴォルテールとも付き合う文人でもありました。啓蒙専制君主として臣民を慈しみ、国民の生活を幸せにすることが自分の最大の使命だと心得ていました。学芸を奨励し、宗教的にも寛容でした。ベルリン郊外ポツダムには、フランスのヴェルサイユ宮殿にならってサンスーシ宮殿を作らせました。しかし柔和な人物であったわけではなく、リアリストで政治・軍事にも指導力を発揮したことは、すでに述べました。

ここでとくに注目したいのは、大王とジャガイモの関係です。ドイツでは、ジャガイモが南米からスペイン・イタリアを経て伝わり、一七世紀末までにその栽培が始まっていました。しかし当初は薬用・鑑賞用か、ブタのえさという扱いでした。しかし三十年戦争後、農民たちが農地を失うなど悲惨な状況におちいり、その後も頻繁に飢饉に苦しめられると、それまで見向きもされなかったこの栄養価の高い野菜が、まずドイツ西南部で人間のためにも栽培され始め、

4-1　ジャガイモ栽培農家を視察するフリードリヒ大王

それが徐々にドイツ全土に広まっていったのです。
　他の領邦君主もそうでしたが、フリードリヒ大王はジャガイモの普及が農民を救い、ひいてはプロイセンの国力強化につながると直感しました。そしてその植え付けを父フリードリヒ・ヴィルヘルム一世にならって奨励するのみならず、種芋を農民に無料配布し、植え付けから収穫までを見張り番や兵士に厳しくチェックさせて、いわば強制的に普及させようとしたのです。
　彼は一七五六年三月二四日、プロイセンの全役人に「ジャガイモ令」を発布しました。そこには、栄養価が高く利用価値がきわめて大きいだけでなく、労働に比例して収穫も増えるジャガイモ栽培の長所を農民に理解させて植え付けを勧めること、農民には栽培方法を指導するのみならずその労働を竜騎兵《りゅうきへい》やその他の使用人に見張らせるべきこと、などがうたわれています。

こうして、王直々の指示に加えて、農民により近い領主や知識人による指導や、栽培方法を記した小冊子の配布、さらに技術革新と農地拡大もあって、プロイセン全土にジャガイモは普及し、農民ばかりか兵士らも好んで食べるようになりました。

J・G・クリュニッツ(一七二八〜九六年)という辞典編纂者にして百科全書家でもあった人も、ジャガイモ擁護にたゆまず努力し、その長所や美質を際立たせて推奨しました。彼は「ジャガイモは肉にも魚にもスープにも、何にでも合い、毎日食べても飽きない庶民のマナ(天国のパン)だ」と説いたのです。ジャガイモは、それまで穀類不足で飢えていた貧者たちにとってはまさに福音、さらには軍隊強化ばかりか産業革命をも可能にした食べ物だ、と言うことができるかもしれません。

もう少し、ジャガイモにこだわってみましょう。ジャガイモは、ドイツ語ではふつうKartoffelと言いますが、フランス語のpomme de terre(大地のリンゴ)とまったくおなじ意味の言い方Erdapfelというのもあります。そちらのほうが一般に通用している地方もありますし、そのほうが「トリュフ」Trüffelから由来したKartoffelよりも意味的に正しいという人もいます。いずれにせよ、まさに大地と一体化して成長していくジャガイモは、生命力ある自然の恵みの食材として、ドイツの食にふさわしいもの、象徴的なものだと思います。

ドイツ人はジャガイモとソーセージばかりを食べているわけではないのでしょうが、この二つがドイツ料理の代表格であるのはたしかです。プロテスタントは大食や美食を罪深い浪費として、簡素な食卓を推奨しました。ヨーロッパで美食文化が栄えたのは、いずれもカトリック地域なのです。

美食に敵対的なプロテスタントの影響もあって、一六世紀以降の味気ない食卓が、ドイツ家庭に展開していきました。その中で、ジャガイモとソーセージは栄養価も高く、工夫によってさまざまなヴァリエーションが達成できる食物として、重宝されました。今でもドイツのジャガイモは種類が多く、万能食材で、サラダ、スープ、マッシュポテトやポム・フリット(フライド・ポテト)といった料理の付け合せ、あるいはパンケーキなどお菓子の材料としても使われています。ドイツ人一人当たり、一年になんと六〇kg以上も食べるそうです。

市民文化が展開する一九世紀になっても、ドイツでは簡素な料理が勧められました。フランスとは正反対です。そうした簡素な食事は、二〇世紀のナチズムの中で信仰にまで高められます。種々の食材のごった煮、すなわち、ジャガイモ、野菜、小麦粉製品、ときには魚肉を入れたごった煮(アイントプフ)が、ドイツの田舎では普通で、一般に倹約の表現でもありました。

そして時代が下ると、それがナチ支配下で「ドイツ民族結束の印、全国で同時に皆が総統《フューラー》と一緒に食べるべき国民食」という地位にまで上りつめることになります。

現在でも、北ドイツには「グリューンコール」というケール（キャベツの仲間）、ソーセージ、ジャガイモなどを煮たものを冬に食べる風物詩（グリューンコールエッセン）があり、これを食べるために、寒い自然の中を、レストランを兼ねたホテルまでハイキングして行くのがルールになっています。手押し車には十分なアルコール飲料を積んで凍《い》てつく寒さに備え、途中、球投げ遊びなどにも興じます。

この風物詩の最高潮は、食べた量やハイキング途中のゲームの結果で決める、ケールの王様（ないし王夫妻）の選出で、王（夫妻）に選ばれた者は、翌年のこの行事を主催・準備しなくてはなりません。ちょっと真冬のワンダーフォーゲルを兼ねたような、厳しい自然と大地の恵みを満喫する習俗のようですね。

ドイツ啓蒙主義の評価

プロイセンのフリードリヒ二世やオーストリアのヨーゼフ二世は、啓蒙専制君主として知られ、前者は人権の平等を唱え、刑法を改革して拷問を廃止し、また死刑をごく少なくするよう努めました。後者は、農奴制廃止と信仰の自由化、法の前の身分差解消、修道院廃止を実施しました。

しかしこうした政治的な啓蒙主義は、広く社会に浸透することはありませんでした。そもそも啓蒙専制君主自身、貴族・市民・農民という「身分制」の正しさを、つゆほども疑っていませんでしたし、特権を与えられ、高級官吏や将校になって王の統治を助ける貴族の利害を大きく削りまでして、農民の保護や世襲隷農制廃止を実践することもありませんでした。

ドイツの宿敵フランスを眺めてみましょう。フランスはイギリスとともに「個人が自立して自由の精神をもとに国家を改革していく」という啓蒙主義を、広い層の人々が大切にしてきました。フランス革命を準備したのはまさに啓蒙思想だったのです。フランスは国家と教会を分離させ、宗教が市民生活をしばることのないよう注意しました。人々の自由な合意によって確認された法の遵守や、民族よりも法の理念こそが国家のあり方を決定するという考え方も徹底させていきました。市民の統一体としての社会があり、国家の法を遵守して共和・民主政体に従う者ならば、誰でも国家に属せる。フランスは――イギリスでもそうでしたが――、市民と共同体という領域を法の精神に則って確立し、それが公共性の基礎となったのです。

ところがドイツでは事情が大いに異なりました。まず「信仰のみによって人は救われる」と説いたルター主義が身分制に適合して受容され、古典的教養やそこに源をもつ市民の理念には冷淡でした。ドイツ諸領邦の政治の仕組みが、民主的な国家意識を育んでこなかったからです。

かわりに「国家の担い手は市民ではなく民族だ」という神話が作られていきました。宗教戦争の渦中で諸侯と皇帝が対立し、諸侯同士が分立したため、国家統一ははるか遠くに行ってしまったのですが、他方で、ドイツは小邦に分立しても、宗教的に真っ二つに分裂しても、根源では一体たることを主張する民族の伝統、ゲルマン魂をもち続けていました。彼らはラテン性にもギリシャ性にも帰一《きいつ》することはありませんでした。外来の形式や押し付けられた秩序ではなく、その大地・自然から生まれてきた伝統の習俗のみが、信ずるに足ると思われたのです。

こうして啓蒙主義、合理的社交、ローマ法理念にも疎くなっていったドイツは、当然のこととして、ローマのカトリック教会とラテン文化を柱とし中央集権制を構築していったフランスと、ことあるごとに鋭く対立します。

ただ、その後近代に入って、ドイツで古典的な教養が軽視されっぱなしだったわけではありません。ドイツ哲学はまさにギリシャ哲学を出発点にしています。また、ギムナジウム(中等学校)は、ギリシャ・ラテンの古典語教育を柱にしています。

しかしドイツの大学は国家的官職をはじめとする資格を取得する場でした。ドイツ人にとっての古典的教養は、いわばテクノクラート(技術官僚)になる準備であり、国家に従属していました。より良き市民社会形成の推進力にはならなかったのです。

公共の場の出現と家庭での感情生活

しかし、ドイツにはドイツなりの「啓蒙主義」があったことも忘れてはなりません。一八世紀、十分ではなかったとはいえ、フランスの影響で啓蒙思想がドイツにも伝わり、領邦ごとにある中規模都市が、その思想を広める拠点になりました。芸術家、牧師、教師、あるいは郵便局長などが主催する読書クラブ、そしてカフェ、サロンなどもつぎつぎ設立されて、貴族、聖職者、上流市民が共通の趣味で結ばれることになりました。これは市民が市民として政治を作っていくというかすかな光明の連帯でした。

啓蒙主義の時代に、家族の形や家族観も変化しました。家・家族は、旧来の生産活動の拠点から感情の共同体、愛と人間性でつながる共同体に変じ、仕事の場とは切り離されていきました。プライヴァシーが確保され、使用目的に応じた部屋が作られました。

しかしながら、居心地の良さを追求した近代家族では、女性は家に閉じ込められ、男たちに安らぎを与える場にふさわしい、従順で無垢《むく》な純粋さが求められるようになりました。

また、青年が旅をしながら、顕職に就くために重要施設を訪れ、著名学者、芸術家、企業人らと面会するという修養旅行の慣行ができたのもこの時代です。その慣行は、国民国家として統一できないドイツが、情報ネットワークを張りめぐらして結ばれる機縁になりました。そのため、旅行書の出版がブームとなりました。旅行の安全性が高まり、郵便馬車が公共交通機関として整備されていったことも、若者の修養旅行を助けました。旅が積極的に評価され、人格の陶冶《とうや》や教養の向上、そして異世界への視野拡大がもたらされるとされたのです。

宮廷や都市で文化を消費し人生を楽しむという態度が生まれると、文学、音楽、演劇活動が活発化したほか、イギリスやフランスのモードに関心を抱く人が増え、引き出し付き簞笥《たんす》や安楽椅子《いす》など新たな家具が需要を増していきました。テーブル類も数・種類を増やし、燭台《しょくだい》、鏡、陶磁器製食器類、カーテン・ブラインド類、絵画類とともに、住宅文化を豊かに、ブルジョワ趣味に合わせたものに作りかえていきました。

また風景庭園が作られ、果樹園、温室、菜園、低木林、洞窟(グロッテ)、池などに多種多様な樹木、花卉《かき》を植えて飾りました。かくして、新しい市民階層は、どの領邦に生活していようとも、おなじ趣味と文化で結ばれることになったのです。

しかしフランスと異なり、ドイツでは反動政治が強まり、啓蒙主義がもたらした趣味は趣味のまま、公共の場の政治批判としてはほとんど機能しませんでした。これは文学を眺めれば一目瞭然です。くわしくは次章で述べますが、一九世紀のフランス文学には公共の問題やリアリズムが必須だったのに対し、ドイツでは、それが小さな心地好い人間関係か、自然の鑑賞でした。つまり、ドイツにも啓蒙主義の波及はあったものの、市民たちが自由に政治を語る場が欠如していたので、それは虚弱で趣味の域を出るものにはならなかったのです。

そして一九世紀、ドイツは急激な経済成長、工業化・都市化の波に見舞われます。労働者の労働環境も、機械化に伴う単調な作業の拡大、賃金労働者とサラリーマンの増加による企業内の労使関係の変化など、旧来の田舎での価値観や社会意識・行動規範では対応できなくなっていきました。

こうした中で、人と人との絆、つながりの新たな組織として、ドイツでは自主的な仲間団体として「協会」「組合」「連盟」「同好会」が雨後の竹の子のように作られていきます。そしてこれらは二〇世紀初頭にかけて、家族や隣組にかわる人々の助け合いの場、感情交流の場、娯楽の場としての役割を果たしていきます。

領主を利する農業改革

さて、時代は少し戻ります。エルベ川の東では、近世以降に君主（辺境伯・選帝侯）の力が弱体化し、その反面、貴族が強大化していきました。いわゆる一四〜一五世紀の領主制危機における土地荒廃、廃村、農民減少に対面して、この地域では、領主制支配が一段と強化されるのです。

プロイセン貴族は、一六世紀になると、穀物生産・販売を自ら手掛けて大いに利益を上げ、ユンカー、つまり農業企業家になっていきました。さらに農民の土地保有権を破棄し、直営地を拡大します。そして農民を小屋住み農に格下げしたり、賦役を無制限に増大させていったり、農民の子に奉公を強制したりしたのです。こうしてグーツヘルシャフト(農場領主制)が実現します。プロイセンを中心に、エルベ川の東の東部ドイツ諸邦のほか、ポーランド、ボヘミア、ハンガリーでも、同様な展開が見られました。

一八世紀になると農場の規模は拡大し、下層民として農村にいた多くの世帯の男子が、労働力として雇われます。イギリス向けの穀物生産のために、いっそうの大規模経営が行われることになりました。労働者のこの雇用は、一年単位で家族が雇用されるという条件で、割り当てられた土地の収穫物、穀物の一定割合が与えられるという独特な形をとりました。夫婦ともに雇われ宿舎も与えられるので、労働者は結婚に積極的になり、一年という単位でしたが生活も保障されていました。

一方、エルベ川の西では、もともと農民はエルベ川以東よりも自由で、地代を貨幣ないし現物で領主に支払っており、賦役労働はありませんでした。ところが一九世紀になって「農民解放」で土地所有権の農民への譲渡政策が大規模に推進されると、貴族たちが収入減少を嫌がったため、地代の償却はエルベ川の東よりはるかに悪条件になりました。農民は長期間かけねば償却金を支払うことができず、何十年もの年賦払いを余儀なくされました。領邦によっては農村信用金庫が設立されて農民の償却を援助するところもありました。しかし、つらくて我慢できなくなった西南ドイツ農民は、ついに一八四八～四九年に蜂起します。それは弾圧されますが、結果として大量の移民がアメリカに旅立っていきました。

森の荒廃と復元

気候的・地勢的条件に恵まれて、古代・中世には鬱蒼たる森が広がっていたドイツですが、紀元一〇〇〇年頃から森林伐採と開墾がヨーロッパ中で進むと、森は荒廃の一途をたどっていきました。農業が発達して小麦などの生産高は急増し、人口も増加したのですが、それは森林の犠牲のもとに成り立っていたこともたしかなのです。また、森でのブタの放牧も、下生えの植生を破壊して、樹木の生長を阻害しました。

中世末以来、開墾による森林の減少を農民のせいだと非難する領邦君主に対し、農民は、「自分らは固有の利用規則をもっており、必要に応じて木々を切り倒すだけだ。増えすぎた野獣の密猟も、自然にダメージを与えるどころかむしろさまざまな種類の樹木の生長を助けるものだ」と主張し、各地方で森林協同組合を作っていきました。

それでも近世になる頃には、さすがのドイツでも、森林はかなりダメージをこうむっていました。これは農民たちのせいというよりも、工業の大発展によって燃料用の木材の大消費が始まったところに原因があるのでしょう。鉱石の製錬にも、陶磁器やガラス製造にも、塩の精製にも、大量の木材を燃やさねばならなかったのです。一七世紀末から一八世紀にかけては、人口が急増して森が乱伐され、森林は激減していきます。

そこに警鐘を鳴らす学者や林務官が登場し、森林の復元が計画されました。そして荒れ果てていた森を大変な努力で復元することになるのです。ザクセンの官房官吏にして上級鉱山局長H・C・v・カルロヴィッツ(一六四五～一七一四年)などが、森林の保護再生の必要性を訴えました。

ただし一八世紀の段階では、なんとかしようと植林するも、成長が遅い広葉樹(ミズナラやブナなど)にかえて、成長が速くどんな土壌でも育つ針葉樹(トウヒやモミ)ばかりを植えて、育つと一斉に伐採するというくり返しでした。

　とくにドイツでは、木材に多角的用途があるということでトウヒばかりを植え続けました。これは、日本でもスギばかりが植樹されてきたことと共通します。その結果、病害虫の発生や地力の低下、腐食《ふしょく》による木の倒壊などの問題がおきてしまったのです。こうした問題に気づいた林務官や森林学者が、その後、森林全体の保全と景観保護のために、あるべき植林の方法を熟考し始めるのですが、それについては第６章で観察することにします。

第5章

産業発展と山の賜物

研究目的で登山する地質学者・植物学者・測量士・画家

隣国フランスが強大な王権のもとに早々と統一国家を築き上げたのに対して、ドイツの統一ははるかに遅れました。それは、都市国家に分裂していたイタリアよりもさらに遅れて、一八七一年になってようやく実現しました。統一の試みはフランス革命への対応を探る中で生まれましたが、オーストリアとプロイセンの覇権争いの決着が遅れ、紆余曲折《うよきょくせつ》を経て、やっと達成されたのです。その過程を眺めてみましょう。

実を結ばない社会改革

一七八九年、西の隣国フランスでは大革命が勃発《ぼっぱつ》し、長きにわたって強盛を誇ってきた王権と特権階級たる封建領主が打倒されました。「自由・平等・友愛」の標語のもとに、あらゆる市民が権利を主張することになります。

上からの統制を強めるドイツの領邦、とくにプロイセンやオーストリアにとって、自立的なフランス市民たちの運動は伝染してほしくないものでした。そこで、フランス革命政府に戦いを挑み、イギリスなどとも歩調をそろえて介入します。
楽勝と思っていたものの、一七九二年九月二〇日、ヴァルミーでの戦いでプロイセンは敗北。ポーランド分割問題にかかりきりの王フリードリヒ・ヴィルヘルム二世(在位一七八六〜九七年)は穏健化したフランス政府と条約を結び、ライン左岸をフランスに譲ることになります。オーストリアはイギリスとともに革命の主流だったジャコバン派に対する戦いを続けましたが、ナポレオン・ボナパルトがイタリアで連戦連勝、カンポ＝フォルミオで講和条約を結ばざるをえない有様でした。

しかしながら、ドイツは三〇〇以上の小国分立状態、言語も法も行政もバラバラ、せいぜい連邦制的なつながりだけでまとまっていたのが逆に幸いし、フランスの理念がドイツに広まることはほとんどありませんでした。市民や労働者たちが連帯して、下からの革命がおきるようなことはなかったのです。

社会改革の動きも、政治家たちが上からもたらしたものでした。古い封建制や領主制がドイツの力を弱めている、だから自由化や社会改革を各領邦で推進して近代化しなくてはならない、ということで、主要な領邦では、自由化や社会改革の動きが生まれたのです。まずライン連邦を構成する諸国、ついで、シュタイン、ハルデンベルク、シャルンホルスト、ヴィルヘルム・

フォン・フンボルトなどの著名な改革政治家を生んだプロイセンが続きました。

しかしこれらの改革はほとんど実を結ばず、芽を摘まれてしまいます。法のもとでの人の平等、体僕制廃止、司法近代化、関税・租税改革、教育改革、市民軍創設、農奴制廃止、都市自治、営業の自由などを立派にうたったものの、実際に市民がそのための立法に加わろうとすると貴族層によって妨げられてしまいました。市民たちには領邦内の改革すらできないのですから、市民が主役のドイツ統一など進むわけがありません。この国では、諸侯・領主たちの上からの決定・調整によって、からくも民族的統一が成ったのです。

それは、「新たな連邦」が幾度も組みかえられることによってのことでした。まず一八〇五年、オーストリアはナポレオン率いる皇軍と開戦しましたが、ドイツ国内諸領邦の多くの裏切りにあって敗れてしまいます。翌年には「神聖ローマ帝国」が解体され、領邦が四〇ほどに整理されるとともに、ナポレオンを保護者として一六領邦による「ライン連盟」ができました。しかしその大部分は中規模領邦で、プロイセン、オーストリア、ブラウンシュヴァイク、ヘッセンはそこから除かれていました。

おなじ年、プロイセンはイエナの戦いでナポレオンに惨敗し、結ばれたティルジット条約(一八〇七年)では人口も国土も半分を奪われてしまいました。賠償《ばいしょう》金も巨額に上り、ナポレオンがイギリスを相手にした大陸封鎖令も、プロイセン経済をまひさせて、国民を苦しめる結果になったのです。

ナポレオンが喚起した愛国心

ナポレオン占領下の首都ベルリンにおいて、一八〇七年から翌年にかけ、哲学者J・G・フィヒテ(一七六二～一八一四年)が有名な「ドイツ国民に告ぐ!」という講演を行いました。彼はそれまで領邦が自分の祖国と心得ていた人々に、気高いドイツ精神を体得してドイツ人全体の祖国愛をもつべきだと説いたのです。

その後、ナポレオンがロシア遠征で失敗すると、一八一三年一〇月、ライプツィヒ郊外でプロイセン、オーストリア、ロシア、スウェーデン、イギリス軍がナポレオン軍を撃破します。そこでヨーロッパの新地図を確定するため、ウィーン会議が一八一四～一五年にかけて開催されました。

その際プロイセンは、ライン左岸および右岸のヴェストファーレンを獲得して富強化するとともに、独立国家連邦でのドイツ統一をめざしましたが、オーストリアの外相メッテルニヒ(一七七三～一八五九年)はそれに反対でした。一八一五年六月「ドイツ連邦」が一応成立することになりますが、これはオーストリア、プロイセンはじめとする三九の主権国と都市の連合体で、実効力はあまりありませんでした。連邦議会が機能したのは、二つの大国であるプロイセンとオーストリアの利害が一致したときだけだったからです。

それでも、それまで地方や領邦・都市へのアイデンティティーは感じても「ドイツ人意識」などなかった国に、対ナポレオンの解放戦争(一八一三～一四年)がはじめて本格的な愛国心を喚起したのは事実です。フィヒテの呼びかけが共鳴板を見いだしたのです。

プロイセンによる統一へ

統一の足がかりは思わぬところに潜《ひそ》んでいました。「関税障壁」です。各領邦は領土問題で争いながら、体制を堅固にしようとしていました。そのためには、経済・産業を促進し、それを妨げる要因を取り去る必要があったのです。三九のドイツ領邦が別々の貨幣と関税制度をもっているという状態は、自由な経済活動を妨げていました。領邦間の関税障壁が原因で農産物が高騰《こうとう》し、飢饉の苦しみに加わりました。さらに領邦内にさえ多くの関税があったのです。

一八一八年、まずプロイセンが関税法を公布して国内関税を廃止。それに他国をとり込んで一八三四年一八の諸邦による関税同盟を結成し、徐々に拡大していきました。オーストリアなどの抵抗もありましたが、一八四二年には三九か国のうち二八が「ドイツ関税同盟」に流れ込みました。その後まもなくしてフランスの二月革命の影響で、憲法改正や統一ドイツへの要求が高まり、出版の自由、裁判の自由、結社の権利などが高らかに求められるようになります(三月革命)。一八四八年五月に各領邦で行われた選挙で六五〇名ほどの議員が選ばれ、同一八日、フランクフルトのパウロ教会で憲法制定を目標に国民議会が開かれました。

しかし実際に憲法を制定する段になると、議会内の立場が保守派から民主主義的急進派まで分裂していたため、実現はきわめて困難でした。フランクフルト議会では、大ドイツ派はドイツ系オーストリアがハプスブルク帝国から離脱して他の領邦と合体することを望み、小ドイツ派はオーストリアを排したドイツ諸邦のみの統一を求めたのです。

一八四九年三月二七日、フランクフルト議会で小ドイツ支持が勝ちを収め、ドイツ諸国を連邦制にまとめ、帝国憲法を定めてプロイセン王を世襲の皇帝にすることになりました。しかしベルリンに赴いた議会代表団の申し出を、国王フリードリヒ・ヴィルヘルム四世はすげなく拒否し、ドイツ統一憲法は棚上げされてしまいます。

民衆蜂起や抗議活動は、その後も各地でおきましたが、旧体制の反攻にあって弾圧されてしまいました。三月革命の成果の大半は失われ、各連邦憲法は反動化したものに直されて、結局、

5-1　普墺戦争後の風刺画で羊飼いになぞらえられるビスマルク（右）

一八五〇年にはドイツ連邦が復活したのです。

ドイツ連邦はその後も混迷し、統一はなかなか実現しません。しかし工業国としての経済力向上は、自由主義に目覚めた市民たちの政治的自意識を高揚させました。一八六一年にはドイツ進歩党が結成され、たちまち議会第一党となります。こうした進歩主義的勢力に対して、一八六二年にヴィルヘルム一世の首相兼外相になっていたビスマルク（一八一五～九八年）は、力による政治を断行し、自由主義者を抑圧しました。

彼は内政への不満をそらすため、戦争での勝利を求めてドイツ・デンマーク戦争（一八六四年）をしかけ、デンマークにシュレスヴィヒ＝ホルシュタインを割譲させました。はじめはオーストリアとプロイセン両国でここを共同統治していましたが、普墺《ふおう》戦争（一八六六年）でプロイセンが勝利し、オーストリアが統治していたホルシュタインを奪い取りました。

敗北したオーストリアは「ドイツ」の舞台から去らなければなりませんでした。ドイツ連邦

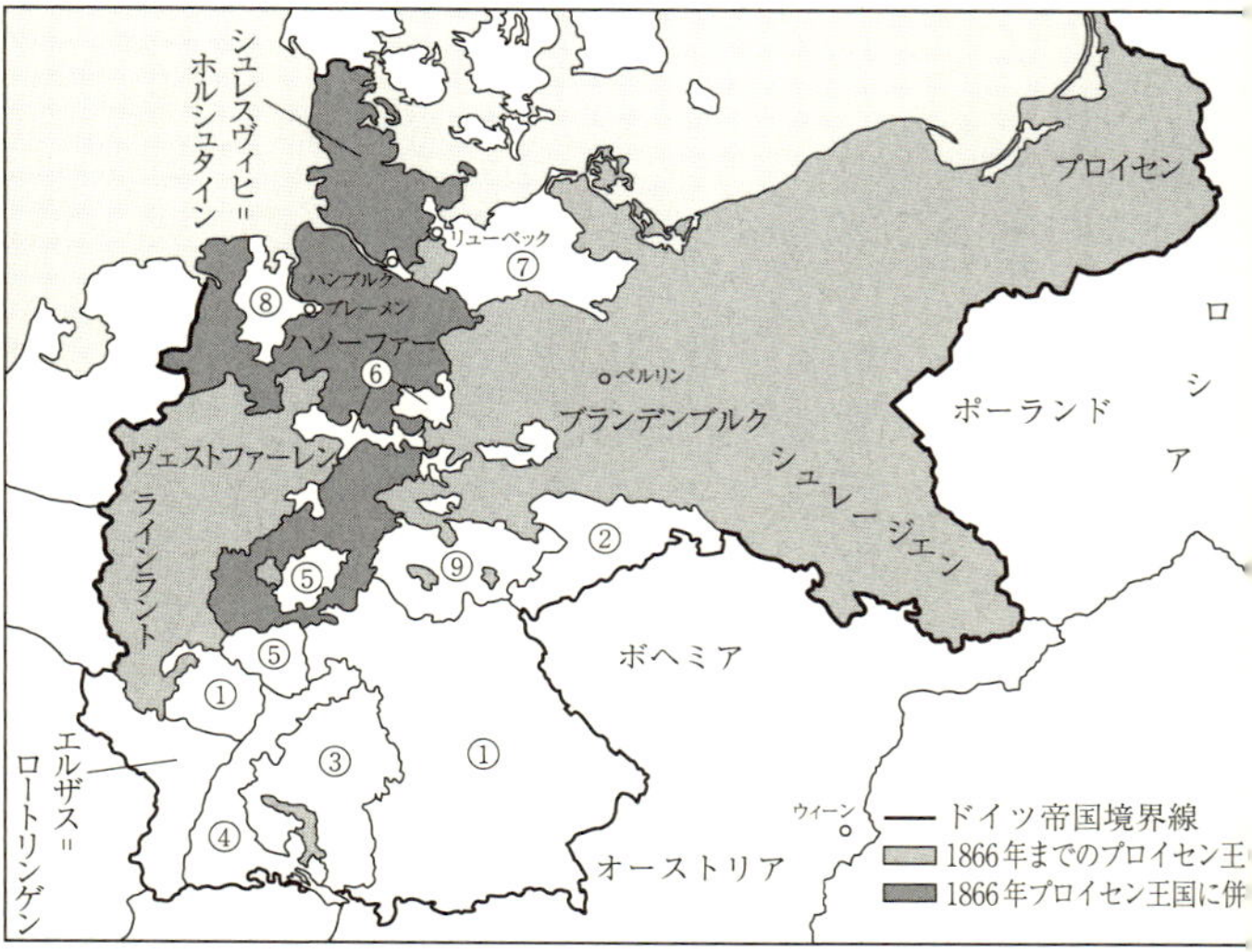

①バイエルン王国　②ザクセン王国　③ヴュルテンベルク王国　④バーデン大公国　⑤ヘッセン大公国　⑥ブラウンシュヴァイク公国　⑦メクレンブルク＝シュヴェリーン公国　⑧オルデンブルク公国　⑨テューリンゲン諸国（ザクセン＝ワイマール大公国など）

5-2　1871年のドイツ第2帝国

は解体、マイン川以北の全ドイツ領邦国家を含む北ドイツ連邦がそれにとって代わり、プロイセンは他の諸領邦にこの連邦への加盟を強く働きかけます。一八六七年二月一二日、北ドイツ連邦では、憲法制定議会の直接選挙となり、宰相《さいしょう》に選ばれたのはビスマルクでした。

かたやオーストリアはオーストリア＝ハンガリーの二重君主制となります。作られる予定だった南ドイツ連邦は結成されず、バイエルン、ヴュルテンベルク、バーデン大公国がプロイセンと軍事協定を結び、プロイセンないし北ドイツ連邦との結びつきを強めてゆきます。

ついでプロイセンは、スペイン王位を

めぐる外交的な思惑・駆け引きからフランスと対立し、普仏戦争(一八七〇～七一年)に突入します。ビスマルクはフランスの抵抗を撃破し、モルトケ指揮下の電撃作戦でフランス領だったセダンとメッツを攻略しました。一八七一年一月二八日にパリは開城し、ナポレオン三世は捕えられました。フランスはエルザス＝ロートリンゲン(アルザス＝ロレーヌ)地方をプロイセンに譲り、また多額の賠償金を支払わざるをえなくなりました。

あいつぐ戦争によって、ドイツ全域で愛国心が奮い立ったこともあって、南ドイツ諸国四か国は北ドイツ諸国と「ドイツ帝国」成立のための条約を締結《ていけつ》することになりました。そして一八七一年一月一八日、パリのヴェルサイユ宮殿において、プロイセン王ヴィルヘルム一世がドイツ皇帝になったのです(王位一八六一～、帝位一八七一～八八年)。これは立憲君主制と連邦制を基礎にしたものでした。こうしてドイツはようやく統一したのです。この統一したドイツは、ドイツ第二帝国と呼ばれます(図5-2)。

ですがすでに述べたように、これは連邦諸国の、しかも領邦君主をはじめとする貴族層の妥協の産物で、君主同士の契約によるものでした。広い国民層を巻き込んでいないところにドイツの国造りの特徴があり、それがその後の歴史への負の遺産となっていくのです。

山の湯治場

プロイセンをはじめとするドイツ諸邦の理念は、フランス的な理想たる自由・平等、あるいは文明、国際的連帯、民主主義などとは縁遠いものでした。啓蒙主義や進化論的な歴史把握を信じるような市民層は、ドイツでは決定的な政治力をもちえませんでした。だから自由な知識人層も国家との関係は薄く、彼らの思考は政治や歴史の中よりもその底、血と大地、自然へと降りていったのです。啓蒙主義が根づかなかったという弱点のかわりに「自然の力を味方に付ける、自然の奥義を学ぶ」のが、知的エリートたちの共通目標になりました。

さて、山と水、そして深い大地のエネルギーを人間の身体に直接授けてくれるのが、温泉であり湯治です。もちろん温泉は古代から知られていました。中世前半から盛期にかけてはやや下火になりましたが、湯治場への小旅行は、後期中世とルネサンス期のヨーロッパ各国で貴族や富裕市民の大いなる楽しみでした。そしてより身分の低い者にも楽しめるよう、それなりの設備が整えられていきました。

ドイツでも一三世紀から温泉が利用されていた証拠があります。当初は近隣の人たちの利用だけでしたが、一四世紀になって遠方からも湯治客が集まり始めました。春から夏にかけての温泉行きは、規則的な慣習になります。一四世紀末からは、温泉の発見・再発見についての情

5-3　水浴場のイメージ(ルーカス・クラナッハ作「若返りの泉」1546年)

報がますます増え、森や山など都市から離れたところに温泉施設が多数作られるようになるのです。

またルネサンスとともに、医者や人文主義者が「温泉論」をさかんに執筆するようになります。ドイツ(語圏)の温泉については、イタリアの人文主義者ポッジョ・ブラッチョリーニ(一三八〇～一四五九年)が、友人ニッコロ・ニッコリに宛てた書簡で記しています。彼は当時教皇秘書で、コンスタンツ公会議のためにドイツ南部のコンスタンツにやってきました。彼は周辺の図書館で古代テクストを渉猟《しょうりょう》するかたわら、今日スイスにある温泉場(バーデン・イム・アールガウ)を訪れ、その印象を語ったのです。一四一六年五月一八日のことです。

それによると、そこは山々に囲まれた渓谷に位置する温泉場で、豪華な宿や広場にある民衆用の二つの公共浴場と、数多くの私的な浴場がありました。公共浴場はありあわせの低い仕切り板で男女が仕切られていましたが、多くの開口部があって会話しやすくなっていました。友人を招き、カード遊びをし、浮かべたテーブルで食事し、ごちそうを食べ大いに飲む慣わしだったようです。

若い娘も老女も真っ裸で男の前を通って大胆に歩きまわり、まるでみやびな女神か、フローラやヴェスタの巫女のような様子で無邪気にふるまっていました。私的な浴場は清潔で、こちらも男女の浴槽のしきり壁の低いところにいくつも小窓がついていて、そこから一緒に飲んだり話したり見たり手を差し出したりできるようになっていました。これらの浴場の上方には欄《らん》干《かん》の囲いがあり、そこで人々は休んだり、浴槽にいる人を観察したり会話したりすることができました。

この温泉には不妊《ふにん》治療に来る女性もいましたが、たいていはリフレッシュが目的で、夫婦で、友人と、あるいは一人で奉公人を従えてやって来ました。三〇〇km以上も離れたところから来る人もいて、修道士や司祭まで楽しみに訪れました。そこには不思議に口論も悪意も、不和も争乱もなく、浴場の男女は裸になってもいやらしさはなく、純朴で自然な感じだといいます。このように、ポッジョはまさに「楽園」としての温泉を描写しているのです。

5-4　ゲーテ

温泉好きのゲーテ

ドイツでは一六世紀の自然学者たちが温泉・鉱泉の価値やどの身体部分のどんな病に効くかなどを論じていましたが、その後も一九世紀にかけて、温泉論・温泉紀行が多数、ものされました。もっとも代表的なのはJ・W・v・ゲーテ（一七四九～一八三二年）の例です。

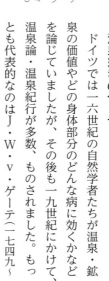

ドイツの温泉地は古代からあるものや中近世に王侯や修道院によって設立されたものなどさまざまでしたが、ゲーテの時代一八世紀後半から一九世紀には、自然に囲まれたエレガントな施設として整えられ、エリートらの保養地や観光地になっていったのです。

ゲーテは一七八五～一八二三年の間、ボヘミアの温泉場、カールスバート、フランツェンバート、マリーエンバート、テプリッツ、エゲルに都合二二回、ほかにピルモント、テンシュテット、ヴィースバーデンなどにも滞在しています。また彼は、ワイマール近くのバート・ベル

5-5　マリーエンバートの温泉療養所

カ温泉設立には自ら積極的に協力しています。自身、丹毒《たんどく》や胃の不調、心臓病などを癒《いや》すために温泉に通いました。もちろん、政治家・官吏としての仕事に疲れて、気保養をする目的もあったことが、知人宛の書簡からうかがわれます。

温泉には奇跡力があるとされ、ヨーロッパ中から人々がやってくるところもありました。たとえば、カールスバート（現在はチェコ。プラハの西でドイツとの国境に近い山の中）にゲーテが最初にやって来たとき、そこはすでにヨーロッパの人気温泉地でした。一七八五年、彼は友人のメルク宛に「まるでテューリンゲンの劇場が突如ボヘミアに移されたかのようだ」と書き送っています。

また、やはり現在はチェコに属するマリーエンバート（図5－5）は今もヨーロッパの中で人気絶大な温泉リゾート地で、とりわけ飲泉場が優れているようです。余談になりますが、ゲーテの詩「マリーエンバートの悲歌」は、晩年、七三歳のゲーテがその保養地で知り合った一九歳の少女ウルリケ・フォン・レヴェツォウに恋をし、その失恋から生まれたものです。

ライン川上流東岸近くに位置するバーデン・バーデンも、古くから現在まで名の通った温泉地です。古代ローマ人によって開発され、中世末から近世初頭になると王侯貴族らが訪れるようになり、一八世紀頃から保養所として発展しました。一九世紀初頭には、絢爛《けんらん》豪華な宮殿風の建物が建てられました。一九世紀から二〇世紀にかけて、著名な政治家、作曲家、小説家、画家らも足繁く訪れたということです。この温泉地は、まさにヨーロッパ中の政治家・文化人らの外交・社交の場ともなったのです。泉質は食塩泉で泉温が高く、リウマチや神経痛に効くとされています。

中世半ばからのドイツにおける人々の温泉熱は、異教時代以来の、水の治癒《ちゆ》力・薬効に関する信仰や信頼に関わっています。それは自然の水であり、冷水のこともあれば温水のこともありますが、いずれにせよ、地殻の奥深くから、あるいは湖起源の鉱物泥から、ありがたい自然の御効験がやって来るのです。こうした「自然の恵みが人間と有機的につながって本来の健康に回復してくれる」との観念は、ドイツでは他の国々以上に重みがあったのです。

ゲーテの『ファウスト』第二部冒頭で、心身共に疲れ果てたファウストは、花咲き緑なす優雅な大地に横たわり、その上を漂う妖精の群れに癒してもらいます。おなじくゲーテの『親和力』(一八〇九年)では、人と人を近づけ結びつける不可思議な親和力が、物質と物質の結合と分離の比喩で語られ、石灰石から解き放たれた気体の酸は水と結びついて鉱泉となって健常者にも病人にも奉仕する……と語られています。

こうした考え方から、一九世紀ドイツでは、温泉にとどまらず自然療法が流行することになりました。これは、現在も代替医療・補完医療という名で継続しています。それは医薬投与ではなく「人間に自然に備わった力、治癒力で身体を回復させる」という考え方にもとづき、水、土、太陽光、空気などの作用と薬草利用、食養生、体操、水浴、呼吸法改善、マッサージなどに頼るものでした。工業化の前進と都市化の進展で、自然から離れた近代文明が病や精神的退廃におちいる根源だと、近代文明に対抗する自然療法を祭り上げたのです。

多くの知識人が自然治療の崇拝者となり、こうした自然療法のセンターであるサナトリウム(療養所)が、一九世紀末にはドイツに百数十もあったそうです。

さらに現在においても、ドイツの医療の基本は「薬で治す」ではなく、「自然治癒を引き出す」ことにあります。湯治はそれにまさにかなった行いですし、その効果を政府も認め、長年、温泉治療には健康保険が適用されてきました。長期滞在型温泉施設(クアオルト)の総数は四〇〇近くもありますが、近年では、財政赤字ゆえ、補助期間が短縮されたり、保険の支払いが受けられないケースもでてきて、やや様変わりしているようです。

登山の時代

一九世紀ドイツは、湯治ブームの時代であるとともに「登山の一大発展期」ということができます。政治的には力がないものの、文化的・社会的に存在感を増してきたブルジョワたちが、山に憧れを強く感じはじめたのです。

近代以前には、山は恐ろしく悪魔の領域にあるとも思われていたので、必要がなければ近づいたり登ったりするものではありませんでした。一八世紀の後半になって、ようやく水晶探索ブームやアルプスカモシカ狩りなどの目的で、山に立ち入る人が増えていきました。同時に、それまであまり調査探求の対象とならなかった山岳への自然科学的な関心が、芽生え始めたのです(本章扉絵参照)。

あらためて指摘するまでもなく、ヨーロッパにはアルプスが克服すべき高山群としてあり、フランス、スイス、ドイツ、イタリアがそれぞれのアルプスを有していました。高峰登頂も目標となり、標高四八一〇mのモンブラン初登頂は一七八六年でした。

　一八世紀後半からは山小屋が造られ、登山者にベッドと食、救急道具を提供するようになっていました。そして一九世紀に入ると、四〇〇〇m級の山々がつぎつぎに登られ始めます。富裕なイギリス人たちは、従者やガイド付きの大パーティーを結成して登りました。スイスの実業家や学者らも、学問的目的もあって登頂にチャレンジしました。ガイドに連れられて、地質学者、氷河学者、測量士、植物学者、画家などが山に登って調査研究したのです。

5-6　氷河の山登り（1830年）

　こうして山岳ガイドがもうかるようになると、彼らはこの稼業に精を出すようになり、その数も増えていきました。登山用具、落石や雪崩《なだれ》への対策、ルート設定など、すべてガイド任せにする登山家も目立つようになり、シーズン通して雇われるガイドもいたようです。一八五〇年から六五年がアルプス登山の絶頂期で、とくに一八五九年から六五年の間に、主にイギリス人によって、六八もの山頂が初登頂されました。

しかしドイツ人は、イギリス人のような他人任せの登山には飽きたらず、自力で登ること、そして登山自体を目的とする登山を求め、それが流行していきました。そのためドイツ語圏では、一九世紀以降、大衆スポーツとして自分の身体を試すためのガイドなしの単独行が普及するようになるのです。

一八六九年にはドイツ山岳会が設立されています（現在では七五万人の会員を擁する世界最大の山岳会です）。そして第一次世界大戦後は、ドイツ、オーストリアそしてイタリアの登山者が増えていきました。これらの国々では、危険な岩壁登攀《とうはん》も流行しましたが、登頂にこだわらず「山歩き」を楽しむ人々も多くいました。

ドイツでも、じつは二〇世紀に入る頃までは、登山は上流階級の人たち、学者、大学教員、ギムナジウム教師、医者、高級役人、弁護士などのものでした。しかし第一次世界大戦前から、時間やお金をさほどかけずにできる中級山岳（標高一〇〇〇～二〇〇〇m級）登山を労働者らが休日に行うようになっており、第一次大戦後のワイマール期には、新たに市民たちの間にも登山ブームが巻きおこりました。もちろん、装備・道具が改善され、手に入れやすくなったことも、より広い階層の者たちへの登山普及を助けました。危険が大きく死亡事故も数知れない高山の登山は、「自然との闘い、困難の克服、高さへの挑戦」としてナショナリズム高揚の道具となり、その偉業がマスメディアでもとり上げられるようになっていきます。

もはや国の威信を背負って登頂する、ということはないのでしょうが、現在でも、登山が趣味で、休暇を取って南ドイツやオーストリアのアルプスに山歩きに行ったりキャンプをしたりするドイツ人はたくさんいるそうです。

鉄工業が牽引する経済

ドイツにとっての一九世紀とは、政治革命の時代であるとともに、経済成長・技術革命の時代でもありました。いや、「政治が後退し不調であるのに、経済は大いに発展した」時代と言い換えてもかまいません。

先述のように、一八三四年にドイツ関税同盟が設立されて、ドイツ全体ではありませんが加盟域内の関税が撤廃されました。その後の関係領邦の景気上昇には著しいものがあり、製鉄業が本格化して鍛造工場と鋳鉄工場が造られ、精錬炉も建造されました。また紡績工場が建設されて、毛織物工業も発展していきました。これら機械工業の発展はイギリスが大規模かつ先進的で、ドイツの規模ははるかに小さかったのですが、ナポレオンの大陸封鎖のおかげでイギリスに頼れなくなったために、ドイツ国内の産業が刺激されたのです。

産業が実質的な成長局面に入り、一八五三年には関税同盟が延長されましたが、この機に参加を求めたオーストリアの願いはプロイセンによって拒否されました。ドイツ帝国成立後は、貨幣統一、金本位制確立、中央銀行設立、特許法制定などの諸方策により、よりいっそうの経済統合が実現しました。景気上昇が一八九〇年代から一九一四年まで続き、ドイツは工業国になっていきました。

ドイツではイギリスよりもずっと遅れて工業化が始まったために、繊維などの軽量産業をすっとばして、はじめから鉄鋼および鉄道関連産業(重工業と機械工業)が産業の主体でした。もちろん、麻、羊毛、絹、とりわけ木綿などの繊維産業についても、織機を導入してある程度は成長しました。

鉄工業はドイツ南東部のオーバーシュレージエンで発祥しました。一九世紀中頃まで、小規模な製鉄所があちこち散らばっていて、バイエルン王国のラインファルツ、ザール地方、ライン中流の支流沿い、ナッサウのラーン・ディル川地方、ザウアーラント、ジーガーラント、アイフェル山地、ハルツ山地、テューリンゲン森、エルツ山地など、まさに「森と山と川」の恵みを十二分に享受できる土地で発展していったのです。

鉄道敷設は、一八三五年一二月バイエルンのニュルンベルクからフュルトまでの六kmで始まり、一八七〇年には二万五〇〇〇kmに伸びました。それはフランスやイギリスにはるかに遅れをとったのですが、徐々に進んで成長していきました。鉄道はいわば、それまでの「川」にかわって、分断していた諸領邦を互いにつなぐ一大ネットワーク構築の最大の道具になっていき、商品・製品を迅速に運んで供給者と需要者を結びつけ、市場拡大に貢献しました。

それとともに鉄道建設や機関車・貨車のため、鉄需要はもちろん、エネルギー源としての石炭の需要も増していきます。炭田がなければドイツ近代工業、いやヨーロッパのそれは生まれなかったと言っても過言ではありません。石炭あればこそ、高炉、機関車、蒸気機関を動かせ熱することができたからです。

石炭は重く輸送が大変なので、その場で工場を作ることになりました。一八四八年にはドイツに六つの大炭田がありました。アーヘン周辺、ニーダーライン、ザール地方、ザクセン、オーバーシュレージエン、ニーダーシュレージエンで、五九一の炭鉱に三万五五〇二人の労働者によって四三八万三五六六tの石炭が採掘されました。それが、一八六四年までに六七〇炭鉱、九万九一四一人、一九四〇万八五三二tへと急増します。石炭のほかに褐炭鉱《かったんこう》も相当量ありま

5-7　ルール川と工業地帯(1866年)

した。

ルール地方の重工業の発展

ライン川下流の右岸は、石炭・鉄鉱の豊富な埋蔵《まいぞう》量を誇りました。そしてラインの水運のよさによって、その地帯はヨーロッパ最大の工業地帯になっていきました。ライン川に合流するルール川の名をとって、ルール工業地帯と呼ばれます。炭坑の上に広がる、幅三〇km、東西の長さ一〇〇kmの工業地帯です。

ここは、一九世紀初頭には貧しい農村地帯にすぎず、大きな町もありませんでした。ところが産業革命の結果、一九世紀半ばに――木炭ではなく――この地域で採掘される石炭を、付近から産出される鉄鉱石を精錬するのに使う方法が導入され、一気に飛躍しました。

採炭技術も、蒸気機関が発明されて格段に進歩しました。大量の労働力が各地から集められ、企業も移転してきました。工業用水は、ライン川およびその支流が十二分に供給してくれました。

プロイセンの高炉(製鉄)生産量は、一八三四〜四七年の間に一三万四五〇〇ｔから二二万九〇〇〇ｔへと増大、シュレージエンとラインラントで鉱山業が栄えました。ルール地方を擁する後者は、技術的にも資本的にも立地面でも近代的な鉱山業の中心地となっていきました。

一八五〇年代以降、ルール地方で製鉄のための高炉建設が進み、銑鉄《せんてつ》消費が大幅に伸びました。鉄道建設と機械製造発展に伴って鉄製品の需要が急速に伸びたこともあり、一九世紀の一世紀間でルール地方は飛躍を果たし、一九一一年にはドイツ関税領域の銑鉄の三分の一以上、鋼《はがね》の二分の一以上を生産する筆頭になったのです。

二〇世紀初頭にかけて石炭の鉄鋼業利用が進み、一九〇九年には一五〇〇万ｔを上回っていき、ルール地方の石炭採掘量の約三割がこれに使われました。工業と経済成長が、石炭の産地を中心に推進されたのです。

他の炭田を尻目にルールが勝利したのは、そこにライン川とルール川があったことに加え、鉄道を高度に利用し、有利な販売ができたからです。ルール地方の出炭量は、一八五〇年(一六六万五〇〇〇ｔ)、一八六〇年(四二七万六〇〇〇ｔ)、一八七〇年(一一五七万一〇〇〇ｔ)、一八八〇年(二二三六万四〇〇〇ｔ)、一八九〇年(三五五一万七〇〇〇ｔ)、一九〇〇年(六〇一一万九〇

5-8　機関車工場(1855年)

〇〇t)、一九一〇年(八九〇八万九〇〇〇t)と、まさに飛躍していったのです。

現在に続く「メイド・イン・ジャーマニー」

このようにドイツは、一九世紀半ば以降機械工業が大発展し、各地に大規模な機械工場ができていきました。その後、徐々に分業が多様化して、製造品種も増え、二〇世紀はじめにかけて品種は際限なく増加し、自転車、オートバイ、自動車、電気機関車、ミシン、タイプライターなどつぎつぎに新しい機器が登場しました。

現在でも、機械製造はドイツ経済の屋台骨で、その製品の四分の三が全世界に向けて輸出されているほどです。ドイツの代表的製品としては、自動車(かつてのダイムラー・ベンツ株式会社、ポルシェ)はもちろん、システム・キッチン、コーヒー・マシーン、あるいはより小さな器具や金属製品も思い浮かびます。頑丈《がんじょう》で長持ちする、機能的な金属製品・工具です。

また、アウクスブルクは鉄・銀・銅の細工、ラインラントのゾーリンゲンは中世以来の伝統をもつ刃物が有名です。ゾーリンゲンとおなじノルトライン＝ヴェストファーレン州にあるレムシャイトの鋼製品、シュトルベルクの真鍮《しんちゅう》製品も古くからよく知られていました。

特筆すべきは、世界シェアの大半を占める幾多の機器とその製造会社（たとえば自動封入・封《ふう》緘《かん》システム）の大半が、その筋の人たち以外名前も知らない、中規模企業（ミッテルシュタント）であるところが、ドイツらしい特色です。大きな独占企業も地域に根を張り、手作りの職人技を大切にしているのです。

地方分権の伝統がうまく生かされ、精密で耐久性があり信頼できる。それが「メイド・イン・ジャーマニー」というブランドなのです。

すたれない河川輸送

北側にしか海のないドイツでは、縦横に流れる大河を生かした河川輸送が、古代・中世から重要だったことはすでに述べました。一九世紀になると、曳航《えいこう》業も近代化・組織化されていったことが注目されます。石炭、鉄鉱石、穀物などの重くかさばるものは、鉄道ができてからも、輸送するには川が便利だったのです。

こうした重いものを運ぶため、一八四一年、ケルン蒸気曳航会社が設立されます。その他の会社が所有するものも合わせると、一八五〇年頃には、蒸気曳航船二五隻《せき》、鉄製貨物船一九二隻、木造貨物船四〇〇隻、帆船《はんせん》六一隻がライン川を航行していて、大量の貨物を上り下り運びました。エルベ川、マイン川、エムス川、モーゼル川、ルール川、リッペ川、ザーレ川、オーデル川などでも、同様な理由で蒸気船が増えていきます。

二〇世紀初めにかけて河川水運はいっそう活発化し、大型積載船舶もどんどん増えていきました。たとえば鋼鉄製の船舶は三五〇〇t、つまり貨物列車二五〇台分の積載力があったそうです。

一九〇八年のドイツ帝国で航行可能な内陸水運延長は一五二六万九二九七㎞。うち純粋な川は八六六万七三二〇㎞で、他は運河化された河川や内陸湖内の水路や運河でした。

二〇世紀に入って、ライン・マイン地域と称される上ライン北部地帯がドイツ最大の工業地帯に成長したのは、水利の便と工業用水の豊かさが労働人口の多さとあいまっての結果でした。

一九二〇年代に大型の船舶が通れるように、ライン川に注ぐマイン川、ネッカー川の改修工事が行われたおかげもあって、石炭や粗原料が運搬できるようになったのです。

ここはルール地方と違って地下資源はないのに、世界最大の総合化学メーカー・BASF、おなじく化学メーカー（とくにタール染色工業）のヘキスト、リュッセルハイムにある自動車メーカー・オペルの工場などが世界的に有名です。まさに「川」のおかげだということになりますね。

また、前述のルール工業地帯は、現在ノルトライン＝ヴェストファーレン州にあり、その州都が、ラインを下ったところにあるデュッセルドルフです。この都市に、製鉄、化学、機械、金属加工などの主な企業が集中してドイツにおける生産の大半を占めているのには、やはりライン川の恩恵が大きく作用していると言わねばなりません。

前章で述べたように、ドイツではフランスやイギリスと違い、王権を軸にした統一はなかなか達成されず、中世の領邦分裂が、近代に入って再び制度化されていきました。この近世、初期近代の「ドイツ」をまとめるものは何かと考えると、それは「川」であり、「水」であったというほかありません。

共通の自然観、根源的な自然と人間との深い関わり方が、長い歴史の過程でドイツの人々に染み付き、ドイツ語という言語とともに彼らをぼんやりと一体化させていたのも、事実かもしれません。しかしそれは精神的な一体性であり、社会や政治、経済をもまとめられるものではありませんでした。それに対して「川」は、具体的に町と町、地域と地域をつなぎ、経済的な交流をもたらしました。税関の撤廃を求め通行自由の保障を勝ち取ることは、とりもなおさず「川」によるドイツ中のネットワークを存分に活用するためだったのです。

父なるライン川

ドイツには、日本の川とはまったく違う、漫々《まんまん》と水をたたえた大河が、ライン、ドナウのほか、マイン、エルベ、モーゼルなど多数あり、それらはまさに大量の荷物を貨物運搬船で運ぶ大動脈となっていきました。中央に集積するのではなく、地方と地方を結び、これが全国を結びつけるまとまりを創っています。

ライン、マイン、ドナウの三河川をつないで北海から黒海までの水運の網の目を張りめぐらすという、古くからあった壮大なる計画が達成されたのは一九九二年でした。

それではドイツ三大河川、ライン、ドナウ、エルベ川について、ひとつずつ考えていきましょう。最初にライン川です。

ドイツ西部を南北に貫くライン川は、ドイツ人にとって歴史上もっとも重要な大河川です。

5-9　ライン川と山城（1895 年）

全長一二三〇㎞。スイス山中を源に、スイス・オーストリア国境沿いを北上し、ボーデン湖に入って湖の西からまた急流となって西に流れ、途中右手に折れて北上しています。この大河は、多くの運河でローヌ川、マルヌ川、エムス川、ヴェーザー川、エルベ川とも結ばれています。

ライン川は現在でも約六万隻の船が上下していて、世界でもっとも交通が激しい内陸河川なのだそうです。重い石炭、鉱石、建築資材、石油などを水路輸送してドイツ流通を支えており、まさにドイツ（とオランダ）の工業・商業はライン川なしにありえません。

またライン川は、その歴史的な重要性から「父なるライン」と呼ばれ、ドイツ人の心の故郷でもありました。中世以来、流域の人たちにはたくさんの伝説が語りつがれ、その思いが伝わってきます。なかでもクリストフォルスという、キリストを背負ってラインを渡ったためにたたえられた愚直な力持ちが、流域の人たちに愛されてきました。彼は絵に描かれ、多くの彫像となって伝えられています。

ドイツ・ロマン主義の文学運動の中でも、枚挙に暇《いとま》がないほどライン川は称揚されています。まずF・ヘルダーリンが、一八〇一年「ライン讃歌」という長大な詩でこの川をたたえ、また同年C・ブレンターノの空想詩「ローレライ」がライン河畔の岩場から身を投げた乙女ローレライの悲劇を歌い、後続の詩人・画家・作曲家の着想の源となりました。ついでF・シュレーゲルが一八〇五年、『オランダ、ライン流域、スイス、フランスの一部を旅しての書簡』でラインの美しい景観と偉大な歴史の調和を賛美しました。彼はバラード「沈める城」(一八〇七年)でもこの川に触れています。

その後も、フランスに対する祖国解放戦争もあって、愛国的にして政治的なライン抒情詩がおびただしい数作られ、また歌われることになったのです。とりわけ有名なのは、H・ハイネの「ローレライ(どうしてこんなに)」(一八二四年)でしょう。

ドナウ川とエルベ川

つぎにドナウ川です。全長二八五七㎞のこの大河川は、沿岸には一〇もの国を経ており、ウィーンでもハンガリーでも自国の川として愛されています。ドイツのシュヴァルツヴァルトを源に、ドイツ内ではアルプス地帯からの多くの支流を集めて流れ、森の中に美しい渓谷を作りながらバイエルン地方を横切っています。

ときに激しく流れる男性的なライン川と違って、「母なるドナウ」と呼ばれるように、よりゆったりと静かに流れるこの大河は、諸民族の共存・融和の象徴でもあります。ライン川とドナウ川を対立させて、ラインこそがドイツ的な象徴で、対するドナウはハプスブルク帝国のオーストリアを象徴する川、とされることもあります。

しかしヨハン・シュトラウス二世(一八二五〜九九年)のワルツ「美しく青きドナウ」(一八六七年)の合唱版で、ラインはドナウの兄弟と呼ばれていますから、両川が両国の協調を象徴しているともみなせましょう。実際、ボーデン湖付近では両川の流れが通じています。

ドナウの南にはアルプス山麓が広がり、その間の広大な緑野はドイツ随一の穀倉地帯です。アルプスから流れ出たいくつもの支流が、土砂をもたらし堆積したのです。畑では大麦小麦が作られ、それに接してドイツ最大のホップ栽培地たるハラタウがあります。大麦とホップ、さらにはアルプスの清らかな天然水……となれば当然、ビール醸造がさかんな地です。

5-10　ビール醸造

またドナウ流域は非常にカトリックの信仰篤い土地で、それゆえでしょうか、バロック様式の教会も多数残されているのも特徴のひとつです。

最後にエルベ川も、観察しておきましょう。エルベ川はチェコとポーランド国境のクルコノーシュ山を源に、チェコとドイツを貫く大河川で、全長七〇〇㎞。ドイツではチェコとの国境のエルツ山地を抜けて、南から北へと流れ、北ドイツ平原を通過して北海に注いでいます。多数の運河によって他の河川と連結しており、内陸交通の要になっています。古くはドイツと外部（スラブ）の境界でしたが、今ではドイツを東西に分ける目印となる川です。

この川は、ハンブルク近くで北海に流れ込んでいるため、ハンザ都市同盟の時代から大量の物資が行き交う重要な経路であり、多くの支流や運河で内陸有力都市と結ばれていたことが注目に値します。ただ、川沿いには流域領邦が勝手に定めた税関が多くあり、全コストの半分以上が税に取られてしまいました。一八一五年のウィーン会議で河川航行の自由が要請されたのですが、完全に実施されたのは一八七〇年でした。

ラインやドナウとともに、都市の下水や産業廃水などで深刻な水質汚染が問題にもなったエルベ川ですが、中流域は手つかずの自然が残り、ヨーロッパ最大級の自然保護地域となっています。多様な植物の生育地であることに加え、水鳥、ビーバー、カワウソなど動物たちのオアシスとなっていて、「ユネスコ生物圏保護区」にも登録され、保護されています。

河川にみる自然の改変

さて、こうしてドイツ(人)を、物質的にも精神的にも、ずっと支えてきた河川ですが、じつは一八世紀半ばから二〇世紀にかけて、川をはじめとするドイツの水域では大規模な工事が行われ、徹底的に改変されたことも記憶しておきましょう。

蛇行《だこう》や分岐《ぶんき》が激しかった川に堤防を築いて直線的に速く流れるようにし、河川交通のじゃまにならないように、砂利の堆積や中洲は撤去されました。渓谷にはダムが築かれ、洪水調節、灌漑《かんがい》、あるいは発電などに利用されました。また川と川が運河でつながれて、ネットワークを広げていきました。池や湖、湿地帯や沼沢地、泥炭沼の多くは、干拓《かんたく》されたり埋め立てられたりして、耕地化されました。自然に手が加えられて人の役に立つようにする、という行動は中世からありましたが、近代に入って規模と速度が倍加したのです。

前章でとり上げたプロイセンの啓蒙専制君主フリードリヒ二世は、エルベ川とオーデル川を結ぶ運河を大々的に開鑿《かいさく》したり、オーデル川以東の湿地や沼地を干拓したりして、同時代の誰よりも積極的に自然を加工しました。もちろん、川や水域だけでなく、山や森や雑木林、そして草原も同様でした。「ドイツの景観はドイツ人の心の故郷で、手を加えてはならず、ゲルマンの家郷のまま、大切に護られてきた」という話を聞くこともありますが、生活の利便や産業の発展のために、じつは徹底的に改変されているという面もあるのです。

そして、そうした改変への批判としてもち出された「景観の美しさを護れ」というスローガンも、人間にとっての「美しさ」であって人間中心であることに変わりない事実は、おなじように自然を作り変えてきた日本においても、肝に銘《めい》じなければならないでしょう。

自然をあがめるドイツ・ロマン主義文学

ドイツには、ルネサンスの合理主義や人文主義の影響は小さく、啓蒙主義もあまり感化を与えなかったことはすでに述べました。一八世紀から一九世紀にかけての芸術・思潮を眺めてみると、代わりにロマン主義が大きく花開いています。そしてそれは、自然との深い関わり方を追求しています。

一八世紀末から一九世紀前半のドイツ・ロマン主義は、その少し前、一七六〇年代末から八〇年代半ばに展開した若々しい文学運動たる「シュトルム・ウント・ドラング(疾風怒濤《しっぷうどとう》)」運動を引き継ぐものでした。シュトルム・ウント・ドラング運動は、啓蒙主義に反発して自然や感情生活を重んじ、人間の情熱や空想力、個人の偉大さなどをたたえうたう思潮で、散文・戯曲を主要な表現舞台としていました。初期ゲーテやシラーのほか、ライゼヴィッツ、ワーグナー、レンツらが代表者です。

そうした思潮を継いでより深めたのが、ロマン主義でした。その中には、ノヴァーリスの『ハインリヒ・フォン・オフターディンゲン(青い花)』(一八〇二年)をはじめとして、鉱山を取材したものがいくつもあります。

『青い花』では、主人公ハインリヒが旅をしながら内面を成長させていくのですが、地下坑道での年老いた鉱夫との会話や洞窟に住まう隠者との出会いが重要なモチーフになっていて、人間の内面と自然、とくに大地の地下世界が、幻想的に交流します。ノヴァーリスは、一七九七年一二月から一七九九年五月にかけて、自身、フライベルク鉱山学校で学びながら、連日のように坑内に下りていったそうです。

E・T・A・ホフマンには、「ファールンの鉱山」(一八一九年)という短篇《たんぺん》があります。一〇〇年以上前に落盤事故で亡くなった鉱夫の亡霊《ぼうれい》の顕現《けんげん》を受けた主人公の鉱夫エーリスが、エロチックにして不可思議な幻想を見ます。そしてエーリスは新妻への贈り物にと、結婚式当日、地底の宝石を探しに坑道に入るのですが、また落盤がおきて死んでしまいます。五〇年後に化石化したその遺体の上に妻も身を投げて絶命し、夫の遺体は灰になる……という、幻想と欲望が満ち満ちた地下世界が、無気味に活写されたお話です。

ロマン主義では、はるか彼方の土地や過去に強い関心が抱かれ、勢い、中世の十字軍や、神秘主義、騎士道、あるいはゴシック建築などがよくとり上げられました。それとともに、神秘的な「自然」も着想の源になっていたのです。今挙げた鉱山もそのひとつですが、より一般には、想像上のほの暗い森、岩だらけの峡谷、山の斜面の野原、断崖《だんがい》や洞穴などが登場します。ノヴァーリス、ホフマンのほかにも、L・ティーク、J・F・v・アイヒェンドルフらの作家・詩人が、ゲルマン神話を賛美しながら、夢想の森や山を巧みに描写しています。

この時代のロマン主義文学の自然熱は、「白雪姫」や「赤ずきん」などの『グリム童話』(一八一二年。原題は『子どもと家庭のためのメルヘン集』）で知られるグリム兄弟（兄ヤーコプ、一七八五～一八六三年、弟ヴィルヘルム、一七八六～一八五九年）の活躍とも無縁ではありません。なぜなら、古代ゲルマン人から近代にいたるまでドイツの人々を魅惑《みわく》し、イメージとしてますます多様な展開をみせた「民話の森」を集大成したのが、グリム兄弟だからです。

『グリム童話』に頻出《ひんしゅつ》する森は、日常世界の一部でありつつ異界に通じる、いや、妖精・魔女・巨人・不思議な動物らが巣くう異界そのものでした。これは生と死のアンビバレントな空間であり、慈しみと恵みを与えるとともに、怖い存在でもありました。『グリム童話』二〇一話のうち、森が出てくるのは八四話にも及びます。彼らが一八一六年に出版した『ドイツ伝説集』では、その第一版の全五七九話の伝説のうち一一八話に森が出てきます。

グリム兄弟には、キリスト教以前の自然・樹木信仰やさまざまな古い習俗を生み出した「ドイツ的なもの」を掘りおこし、再生させたいとの思いがあったようです。彼らがまとめた童話・伝説には、巨人や小人、森族とか苔《こけ》族（雑木林や荒野の小暗い所あるいは地中の穴に住む小人で、体中を苔におおわれ、緑の苔を寝ぐらにしている）も登場します。

グリム兄弟は、世界の外部にある理念・超越神を呼び出すのではなく、「自然」を理想化して、それを人間道徳の源泉とし、社会の基礎とする立場を採っています。そこでは、人間の内面と人間の外の自然世界が感情を通じて交流し、人間の病・不調は自然と一体化することで生命力をとり戻し回復します。この「自然」は、古典古代(ギリシャ・ローマ)の文化にも栄光に満ちたキリスト教王国にも、ずっとアイデンティティーを抱けなかったドイツの人たちが、唯一、自信をもってすがることのできたものだったのではないでしょうか。

こうしたロマン主義の志向は、一九世紀さらには二〇世紀のドイツ文学にまで色濃く影を落としています。前章でふれたように、フランス文学が一九世紀に「自然主義」「写実主義」の旗印のもと、バルザックやゾラに代表される社会問題をするどく突いた作品を生み出したのに対し、同時期のドイツ文学は、メランコリックに社会逃避しながら自然に向き合って、皆がそれぞれのメロディーで自然をうたい、静かなあきらめが流れています。

ゲーテの影響を受けた詩人F・ヘルダーリンは「帰郷」(一八〇一~〇四年)において、アルプスの雄大な山々と清冽《せいれつ》な川、滝などをうたいました。A・シュティフター(一八〇五~六八年)の「水晶(聖夜)」は、クリスマス・イブの日に山で大雪にあって、氷河の下の岩場に身をひそめた幼い兄妹が救いを待つ話です。この作家は、清らかな空気に浸された静かな荒野、清浄無垢な水が幾筋も流れる美しい森などを舞台に、けがれを知らない純潔さをことほぐ作品をいくつも書いています。

ほかにもスイスの医者にして植物学者のA・v・ハラーの『アルプス』(一七二九年)という詩集、おなじくスイスの詩人S・ゲスナー(一七三〇～八八年)、ドイツの女流詩人A・v・ドロステ＝ヒュルスホフ(一七九七～一八四八年)の自然詩なども思い浮かびます。「森と山の文学」とでもいうべきジャンルがドイツにはあり、挙げていけばきりがありません。

山岳絵画と有機体思想

またドイツ絵画も、自然を好んで描いたことに注目しましょう。もっとも代表的なのは、一九世紀前半に活躍した風景画家のC・D・フリードリヒ(一七七四～一八四〇年)です。彼は草原、海辺とともに、山岳を好んで描きました(口絵参照)。彼に先んじて、スイス北部生まれのC・ヴォルフ(一七三五～八三年)も、独特なアルプス画を二〇〇以上も描いています。本書の表紙を飾っているティロル地方生まれのJ・A・コッホもいましたし、他にもフリードリヒと同時代の山に魅せられた多数の画家・版画家がいました。

彼らが描くのは、人の接近を拒むように屹立する高山であったり、そそり立つ巨岩であったり、丘の背後に控える雲海に浮かぶ山々であったり、峡谷や滝、強大な氷河、奇観をなす自然の洞窟であったりしましたが、いずれも静謐《せいひつ》にして荘厳かつ崇高な雰囲気をたたえています。

さらに音楽の世界では、リヒャルト・シュトラウスに「アルプス交響曲」(一九一五年)という作品があり、アルプス登山を音楽的に表現しています。二〇の部分に区切られそれぞれタイトルをつけられたこの作品は、二〇の登山の段階に対応しているそうです(現在では通常二二のシーンに分けられています)。

一九世紀のドイツでは「登山は霊的な体験でもあり、登るにつれて人間は高貴になり、最後の真実にたどり着ける」と信じられていました。山に登り、まだ幽暗に沈んでいる町や田園をはるか下に見下ろす経験をすると、「もう二度ときたない下界には戻りたくない」と思うようです。こうした霊的な体験としての登山の流行に付随して、山は審美的な対象としても注視され始めたので、山が文学や美術の主要テーマにもなったのでしょう。

ところで、一八世紀後半に活躍したドイツの思想家に、J・G・ヘルダー(一七四四～一八〇三年)という人がいます。彼は啓蒙主義的な理念に対抗し、自然を通じてこそ真の人間性に到達できると考えました。そして地上に生まれる文化の数々にはおなじ権利があり、それは民族の性格と民族が活躍する自然条件の相互作用で決められるとして、文化の多様性がすなわち景観の多様性と呼応していると説きました。

これは自然の統一性と、人間と自然との内的なつながりを信ずる一種の有機体思想です。この思想は上述の自然療法の流行とも関わり、生命は単なる一個の人間の生命ではなく、有機体的で分割しえない生、しかも自然とも一体化した生だとする生命観に則っています。

一八世紀末から一九世紀半ばの思想家や科学者たちも、独自の有機体的な自然観、すなわち人間の生を包み込みそれを越えた自然の観念をもちました。人間が未来に向けて進めるのは、この自然の偉大なる潜勢力《せんせいりょく》によってであるとされ、ちっぽけな人間の世界と深遠で崇高なる自然が対比されました。その代表がＦ・Ｗ・Ｊ・ｖ・シェリング（一七七五～一八五四年）という哲学者の自然哲学です。

このように、一八～一九世紀ドイツの文学者、画家、哲学者あるいは民間伝承には、すべてに共通した「ドイツ的な自然観」があるように思います。

第6章

自然崇拝の明暗

ベルリンのワンダーフォーゲル(1930年)

プロイセンが一八七〇～七一年の普仏戦争でフランスを打倒すると、南ドイツ四国（バイエルン、ヴュルテンベルク、バーデン、ヘッセン・ダルムシュタット）が北ドイツ連邦に加盟し、名を「ドイツ帝国」と改め、国王ヴィルヘルム一世を皇帝に頂く帝国として統一されました。

ドイツ統一後、政治や制度はどのように展開したのでしょうか。プロイセンを強盛化し、リーダーとしてドイツの統一を実現した立役者ビスマルクは、その後一九年にわたり当国の首相として政治を率いていきました。しかし彼の失脚後、ドイツは悲劇的な大戦に向かって落ちていくのです。

ビスマルク退場からヴィルヘルム二世の親政へ

プロイセンは軍国主義的国家として発展したため、軍隊やさまざまな職業あるいは組織に、厳しい規律が与えられてきました。全国民がまるで工場にいるかのように、機械的に管理されていました。中産階級は、貴族や官僚と労働者の板ばさみになり、支配秩序をくつがえすような大胆な行動には出られませんでした。それが一八四八年三月の「革命」失敗の理由です。そしてプロイセン中心に一八七一年にできたドイツ帝国では、その統一が三つの戦争のおかげで達成されたために、軍隊の威信がさらに大きなものになりました。

軍隊将校を務めていた貴族らは一般社会でも敬意を集め、エリートとしてふるまい、肩で風を切って歩いていました。産業化も、軍人貴族や宮廷貴族の指導によって進められたのであり、ブルジョワ企業家、資本家たちの所業ではありませんでした。市民階級が徐々に台頭するとはいえ、それは士官候補生試験に合格した者たち、軍人貴族の態度・規範を模倣《もほう》する者たちで、彼らも貴族化していくのです。名誉を傷つけられたら決闘せねばならない、という名誉第一に考える気風が市民たちにまで広がり、ひいては、それがドイツ人の行動様式の伝統となっていきます。

自国の利害のためにしばしば戦争に訴えたビスマルクでしたが、統一達成後は、もはや他国と争うことを好まず、ヨーロッパの勢力均衡や協調を重んじて、そのバランスの中でドイツ帝国が安定的に発展できるよう努めました。

ところが、ユンカーの血を引いているからでしょうか、この宰相は国内では強圧的で貴族主義に走り、民主主義にはまったく理解がありませんでした。ブルジョワたちが主役となる議会制の国民国家など眼中になく、自分の政治に反対する者は帝国の敵とみなしました。工業化の進展により労働者階級の数が急速に増えて無視できない勢力になったのに、彼らの声を聞くどころか、彼らが組織した労働運動を弾圧するために社会主義者鎮圧法(一八七八年一〇月)を定め、一八七八〜九〇年の間、社会主義運動を弾圧しました。

しかし反発が非常に強く労働者擁護運動がますます盛り上がったので、あわてて懐柔策《かいじゅう》として社会保障法を定めたものの、労働者の心はつかめず、一八八九年にはエッセンとゲルゼンキルヒェンで一四万人もの鉱山労働者がストライキを行いました。

その結果、ドイツはエネルギーが危機に瀕《ひん》してしまうのです。ビスマルクはこれをも社会主義者弾圧に利用しようとして対処を誤り、ついに一八九〇年には皇帝ヴィルヘルム二世(在位一八八八〜一九一八年)によって辞職させられました。

親政を始めたヴィルヘルム二世は器が小さく失言も多かったようで、世界政策を展開したものの、うまくゆきませんでした。ヴィルヘルムの下の宰相も、保守派と市民派連合による政権運営に苦労し、思い切った政策が遂行できませんでした。また、最大政党たる社会民主党が政策立案に加わることができず、世論を反映した政治の実践を妨げました。

この間、ヨーロッパ諸国は勢力争いに明け暮れ、合従連衡《がっしょうれんこう》、対立の連鎖がありました。ドイツでは、ヴィルヘルム二世が東方進出を狙ったいわゆる3B政策を採用、ベルリンからビザンティウムを経てバグダードを結ぶ鉄道敷設事業を中心にさまざまな利権獲得に努めます。ところがそれを脅威《きょうい》に感じたイギリスは政策転換を迫られ、ドイツ・オーストリア・イタリアの三国同盟(一八八二年)に対抗し、一九〇七年、イギリス・フランス・ロシアの三国協商が成立しました。

この頃ドイツは、フランスのモロッコ進出を牽制して国際会議に訴え、フランスとことを構えようと考えていたのですが、イギリス、ロシア、イタリアがフランスを支持。アメリカのルーズヴェルトもフランスに肩入れしたので、フランスに有利な妥協策が採択されました。その後も火種はモロッコにありましたが、さしあたり決定的対立は回避されました。

第一次世界大戦の勃発とワイマール体制

ですが、より近いところ、バルカン諸国の状況はいっそう深刻でした。ロシアによる汎スラブ運動支援によってオーストリア＝ハンガリーの安定がゆるがされたため、オーストリア＝ハンガリーはいったん反目していたドイツとの関係を改善するとともに、一九〇八年、ボスニア・ヘルツェゴヴィナを併合してしまったのです。そして一九一四年六月二八日、オーストリア＝ハンガリーの皇太子が併合したボスニアの首都サラエボでセルビア青年に暗殺されたのを契機に、一気に大規模な戦争へと突き進んだのです。これがヨーロッパで大変な惨禍《さんか》をひきおこした、第一次世界大戦です。

ドイツは早期決戦を画策してフランスに侵攻しましたがうまくゆかず、マルヌの戦いで敗北。同盟軍であるオーストリア＝ハンガリー軍はロシアに大敗し、無力な皇帝と宰相のもと、軍首脳部がほしいままに作戦を進めました。戦争の主要舞台が陸上から海上に移って、ドイツが潜水艦隊によるいわゆるUボート作戦での攻撃を始めると、アメリカも参戦します。

一九一八年一一月一一日、戦いはドイツの敗戦で終了します。信頼を失った君主制をもう誰も守ろうとせず、ヴィルヘルム二世が退位してドイツ帝国はもろくも瓦解《がかい》、ドイツは突如、共和制になりました。これは国民議会がワイマールにおかれたので、ワイマール共和国と呼ばれます。ちなみにオーストリアは戦後、それまで一緒だったチェコ、ハンガリー、イタリアとのつながりを絶たれ、ドイツ人主体のオーストリア共和国になりました。

ドイツは救いようもなく疲弊し弱体化していました。労働者・兵士評議会が先頭に立った革命を経て、一九一九年一月に選挙で選ばれた国民議会では、社会民主党、中央党、民主党の三党連立政府が成立しました。まもなく典型的な議会制民主主義体制を基礎づける画期的なワイマール憲法が可決され、その後、諸外国に大きな影響を与えることになります。

しかしドイツはヴェルサイユ条約によって海外領土すべてと本国の土地一三%を失ったばかりか、莫大な賠償金(一三二〇億金マルク)を課され、苦しみます。この屈辱的な和平条約の全責任は、共和国とそれを率いる社会民主主義政権にあるのだ、という右翼《うよく》政党の宣伝が奏功して、内政は動揺し不安定化していきます。

こうしてドイツの人たちは、ワイマールの体制、つまり西欧型モデルたる政治的ヒューマニズムにもとづく民主主義体制(国民の直接選挙で大統領を選び、議会選挙は男女の普通選挙、また国民が直接発議して立法もできる)に、正当性を感じられなくなってしまいました。しかも議会では、中央党および社会民主党が、独自の国家理念もないのに国民をよそにした国際的目標を掲げていました。多くの国民はこうした体制を疑いの目で見始めます。

長い歴史のなかで、「国家の頂点に立つ偉大な権力者に命令され、服従するのが当然」という思いがしみついてしまっていたドイツにおいては、民主主義体制特有の選挙制度と政党の連立機構、あるいは合理的・機械的メカニズムなどは、時期尚早だったのかもしれません。突然ワイマール共和国になって「議会制を敷け、皇帝はもういないぞ」と言われても、議会は政党同士が論争したり、交渉したり、妥協したりと、長い時間を無駄に費やしているだけにしか映らず、このような誰も責任を取らない政治形態は嫌われたのです。むしろ自信をもって、自己の責任で、決定し命令を下してくれる力強い帝王が求められたのです。

そしてまた、「自然」的な生活基盤たる「民族」に拠って、ヴェルサイユ条約で切りきざまれ没収された領土を回復し、「帝国」を再生すべきと考えるようにもなってゆきます。ワイマール体制を克服する新たな政治形態実現のため、ヘルダー流の有機体思想を備えた民族理念が、国制・憲政の動揺、信仰・伝統の分裂の中で台頭してきたのです。旧来の官吏や裁判官、軍首脳部がそのまま生き延び、力をもっていたことも、この民族の情念による、民主主義体制の打倒を後押ししました。

それからは、旧軍将兵によるカップ一揆(一九二〇年三月)、相互賠償請求権の放棄をうたったソビエトとのラパロ条約(一九二二年四月)、フランスによるルール地方占領(一九二三年一月)と動乱が続きます。インフレはいっそうひどくなり、社会不安が高まります。

ヒトラーと第二次世界大戦

そうした中で登場してきたのが、A・ヒトラー(一八八九～一九四五年)でした。彼は一九二一年から国民社会主義ドイツ労働者党(ナチ党)の党首として、ヴェルサイユ条約破棄、反ユダヤ主義を唱えていました。一九二三年一一月のミュンヘン一揆で政権奪取をもくろみましたが失敗し、禁固刑に処せられました。その後、ドイツでは一時的に経済が回復・安定し、ロカルノ条約(一九二五年)、国際連盟への加盟(一九二六年)もあって、国際的なドイツの認知、宥和《ゆうわ》が行われるかに見えました。

ところが一九二九年におきた世界恐慌の余波はドイツにもおよび、アメリカからの資金借り入れが途絶してしまいました。大量の失業・困窮の混乱の中、ヒトラーを頂く国民社会主義運動が勢力を伸ばすことになるのです。

運悪く、戦勝国との和解の立役者であったすぐれた首相、シュトレーゼマンまでがこの年に死んでしまいました。ヒトラーの政党は一九三二年に第一党に躍り出、翌年には彼が首相になります。経済再活性化に成功したことで人気を得て、自党以外を禁止、労働組合を弾圧し、基本的人権もなきに等しくなってしまったのです。

首相と大統領を兼務して全権を掌握した総統ヒトラーは、軍の最高統帥権を得て、国防軍をも手に入れます。突撃隊(SA)、親衛隊(SS)なども作られました。一九三三年一〇月国際連盟脱退、国際連盟が管理していたザール地方を一九三五年一月に回復、同三月に徴兵制復活、三六年三月にはロカルノ条約を破棄してラインラントに進駐、三八年一〇月オーストリアとチェコ・ポーランド国境沿いの山地ズデーテン地方の編入およびオーストリア併合、三九年三月チェコスロバキア侵攻、同九月ポーランド侵攻……と続き、ついには第二次世界大戦を引きおこしてしまいます。五年半も継続した大戦によって、五五〇〇万人が命を落とし、ヨーロッパは荒廃の極致に達したのです。

ヒトラーはドイツ内部でもよりひどい蛮行をくり広げました。ユダヤ人迫害・大虐殺《ぎゃくさつ》です。一九三五年九月に制定されたニュルンベルク人種法の二法、まず「ドイツ国公民法」では、ドイツ人および近縁の血をもつ国民のみに公民権が授けられ、完全参政権が与えられました(ユダヤ人からは公民権が剝奪《はくだつ》されました)。また「ドイツ人の血と名誉を守る法」は、ユダヤ人に、ドイツ人および近縁の血をもつ国民との婚外性交渉を禁じるとともに、ユダヤ人は四五歳以下のアーリア人女中を雇うことも禁じられました。

その後数年間、ナチは大量のユダヤ人を強引に国外移住させて全財産を没収しましたが、一九四一年六月独ソ戦が始まると強制移住政策が破綻、ついに「ユダヤ人問題の最終的解決」を実地に移しました。ユダヤ人をすべて捕えて強制収容所に送り「解決」することを目標に、彼らをガス室などで殺戮《さつりく》したのです。殺されたヨーロッパのユダヤ人の数は、六〇〇〇万人にものぼると考えられています。

ワンダーフォーゲルにはまる若者たち

では、ナチ・ドイツが理想とした「ドイツ人」とは、どのような人種・民族であったのでしょうか。

それは、アーリア人という「金髪碧眼《へきがん》、長身の人種で、太古より混じり気のない純血な血筋を受け継いできた健康な人間」でした。なかでも若者は、次代のドイツを担っていく世代なので、とりわけナチの関心の的になりました。

一九二六年、ヒトラー・ユーゲント(ヒトラー青年団)という組織が創られました。これはドイツ全土の一四～一八歳の青年が加入する(一九三九年以降は全員加入義務となる)ナチ党の親衛隊(SS)内の組織です。若者が健康な兵士になるために、スポーツ、軍事訓練、奉仕活動、キャンプ参加などの活動をするのです。一〇～一四歳の少年隊や女子部もあり、ナチ党が独自に運営する施設で「ドイツ人らしく考え行動する」よう教育されました。

ヒトラー・ユーゲントが秩序立った軍事訓練以外に野外キャンプを重んじたことは、「ワンダーフォーゲル」との関連を思わせます。実際、ワンダーフォーゲルが、ナチ時代にヒトラー・ユーゲントの組織に吸収されていったことからも、その連続性がうかがわれます。

ではワンダーフォーゲルとは、どんな運動だったのでしょうか。これは一九世紀末から二〇世紀初頭にベルリンで生まれ、その後ドイツ各地に広まっていった運動で、身心健全な若者を育成し、愛国主義を鼓吹《こすい》することを目標にしていました。組織が本格的に結成されたのは一九〇一年です。自然環境と関わりをもちつつ、集団で、一日ないし半日、森や農村の徒歩旅行をするのですが、旅が数週間続くこともありました。半ズボンに重いリュックサックを背負い、ギターまで抱えていました。夜になると若者たちはキャンプファイアーをして、伝統的な民謡を合唱し、フォークダンスに興じたのです。

ロマンティックな自然崇拝の気持ちを抱き、古代ゲルマンにあこがれて壮大な山岳や広漠たる荒野をめざすこともあったようですが、より頻繁な活動場所は、人の手が入った身近な森や草原、野山でした。高山への登山のようには装備・訓練・体力も必要なく、ハイキング的な要素もありました。彼らはしばしば古城に泊まることになり、これがユースホステルの起源といわれています。

じつのところワンダーフォーゲルは、最盛期においてもドイツ全体で三万人足らずの青年しかその結社に参加しなかったようです。しかし正式メンバーでなくとも、時折、その運動に参加したり、同様な運動に目覚めていた若者を含めれば、はるかに多くの若者を巻き込む運動でしたし、その後の若者たちに有形無形の影響を与えたことは間違いないでしょう。

トゥルネン運動

ワンダーフォーゲルに先駆けて、ドイツの解放のためにスポーツを振興させようという運動があったことも紹介しておきましょう。F・L・ヤーン(一七七八～一八五二年)という国粋主義的人物が始めた運動です。彼は、ドイツがナポレオンに侵攻されて支配下におかれたのは伝統的な運動文化が衰退したからだと考えて、仲間たちと集い、若者の賛同も得て、その復興を計画したのです。これは「トゥルネン(ドイツ体操)」と呼ばれるもので、一種の青少年教育活動でもありました。

ヤーンはベルリン郊外に運動場を作り、自然の草原に多少手を入れて、競走、槍投げ、跳躍などのための道具を集めました。そして種目ごとにグループ活動の運動を順繰りに進め、一八一〇年代の末には一五〇か所、一万二〇〇〇人が活動していたといいます。運動のかたわら集会所で仲間ができ、親しく付き合えるのも人気の理由でした。

ヤーンの思想にかぶれた学生たちは「ブルシェンシャフト(学生組合)」という愛国主義的運動を、大学を拠点としてくり広げました。彼らは一八一七年一〇月、中部ドイツのテューリンゲンの森の中、ヴァルトブルク城に数百人もが集まって、ナポレオンにライプツィヒ近郊の戦いで勝利した(一八一三年)ことを記念して祝し、統一ドイツ、自由ドイツの実現を訴えかけたのです。

その後、一八一九年、メッテルニヒによりブルシェンシャフトは危険な運動として禁止され、体操活動まで全面禁止の憂《う》き目にあいました。一八四二年体操禁止令が解除されると、すぐさま各地に体操クラブが作られて各種の運動をしながら交流が図られるようになります。そして訓練の成果を示し、互いに競い合う体操祭が開催され、一八六〇年には全国規模のドイツ体操祭が開かれるにいたったのです。付随する愛国主義的な式典とともに、まさに体操を通じて、参加者や観客はドイツの統一、帝国への帰属に意識的になっていきました。

この「トゥルネン」の運動は、現代ドイツ人の運動好き、スポーツクラブ組織への所属率の高さにもつながっています。またワンダーフォーゲルとの関連で述べると、ドイツ人は今でも野山を歩き回ることが大好きで、生活に根づいた慣習になっているようです。

すばらしき林業

古代からずっと、ドイツ人たちは「森は人間を護ってくれる存在」と考えてきました。森には正義があり、愛があるのです。近代になると、ロマン派の詩人たちが森の美しさ、正しさを歌っています。『グリム童話』でも、森の中のお菓子の家で、悪い魔女に食べられそうになったヘンゼルとグレーテルは救われ、魔女が焼け死んでしまいますね。森は善悪をわきまえているのです。

だから森は、木材を切り出す場とか治水に役立つとかいうだけではなく、ドイツ人の魂の宿るところでもありました。それだけに、一時は開発されて荒廃してしまった森林も、よみがえらせる努力が懸命になされました。

6-1　スギやトウヒなど針葉樹ばかりを植えた森と(上)と，ナラやブナなどの広葉樹も混交された森(下)．混交林は，多様な生物相の維持や保水力に優れる(作画：宮本いくこ)

近代になると樹木の特質もわかってきたので、一九〇〇年代初めからは、すべての木を一斉に伐り生態系破壊につながるような伐採法ではなく、樹木の種類や樹齢の多様性を維持しながら、自然に近いかたちでの伐採が行われるようになりました。その結果、病害虫による枯死木をとり去る費用や施肥《せひ》の費用もなくなり、裸地ができることもなくなりました。さまざまな樹木と下生えが層を成して豊かな生態系を作り、野生動物も適度に維持していけるようになったのです(図6-1)。

じつは日本は、国土の三分の二が森林という世界有数の森林国です。しかし、やみくもにスギやヒノキなどの針葉樹ばかりが植樹され、木材利用を目的に植えたにもかかわらず、放置されている森も少なくありません。一方ドイツは国土の森林率は三一%ですが、アカマツやトウヒをはじめとする針葉樹林にブナやナラなどの広葉樹がミックスされ、バランス良く栽培されています。また、大本の木材(主伐材)を切り出した後は、その枝や間伐材、製材から出る木切れやおがくずまでも、無駄にすることなく使われています。パルプにしたり、薪やチップ、ペレットにしたりするのですが、それらは家具やワイン樽《たる》、その他建築材料になるだけでなく、工業用材ともなり、さらには各家庭の暖房給湯システムにもごく一般に使われています。

ドイツでは豊富な森林資源を無駄なく利用することに加え、市民による憩《いこ》いの場としての森林の利用もさかんです。森を生命・生活の源としようという考えから、森林の育成、管理が計画的に行われています。どの森にも縦横に林道が設えられ、途中で休めるような小屋やベンチ、進路を示す標識も充実していて、市民は気軽に森に入ることができるようになっているのです。そこで、散歩、ジョギング、仲間とのハイキング、サイクリングや乗馬、山菜や果実採りなどを楽しんで、ストレスを解消し生気を養うのです。そのため、森の維持管理や生態系の保全にも、しっかり努めているのです。

また、森をよい状態で保てば土壌の保全につながり、気候の調節（温暖化防止）や二酸化炭素の削減にも役立つことはよく知られています。さらに、森は莫大な量の水を蓄える貯水池の役割も果たしているのです。森がしっかりしているところに洪水はありません。

ドイツの山岳地帯では大変な雨量があり、積雪も多いのですが、そうした大量の水が一気に川に流れ出ないような調節弁の役割を、森林が果たしてくれています。森はその下に、ダムのように地下水を貯め込んで少しずつはき出し、河川に平均的な水量を供給しています。湖沼などの滞留水、土壌表面をうるおす表層水などの保持にも役立っていて、森林にはさまれた河川では、流域を風水害や土砂崩れなどから守ってくれる防波堤の役割もあるのです。森がフィルターとなってくれれば、水質も良好に保たれるのです。

ドイツの森林は、州有林、自治体・団体林、民有林に分かれています。事業経営に向かない困難な山岳地帯などは、州が自然保護とともに管理を行い、他方、民間でも成り立つところは民営化しているということです。中世においては、国王や教会が広大な森をもっていたのですが、それが国有林、州有林として公的管理に移っていったという具合でしょう。

ドイツでは林業は人気があり、森林学も栄えています。森林管理や森作りは、当地の森林生態系にくわしくて専門知識が豊富な森林局・営林署の森林官が行うべきだとされていて、地域主権の仕組みが生きているそうです。そして林業が、自動車、電気・電子、機械の諸産業につぐ大きな主要産業になっていて、経営的にも十分成り立っているところが、おなじく広大な森林を有しながらもうまく機能していない日本と大きく違うところでしょうか。

森林の保全とエコシステム

これまで述べてきたことから、森林保護は自然全体の保全の中心に位置する政策だということがわかります。ドイツに水源林や自然保護林がいたるところにあるのは、こうした理由からです。また、森は畑をとり囲んで、肥沃な表土の流出を防いでくれます。森林がないと農業もできなくなってしまうのです。

持続可能な森林機能の実現に努めるのは、自然全体のエコシステムを護るためです。植林にせよ伐採にせよ、樹の年齢や種類の間のバランスを勘案しつつ管理していますし、一本一本の樹に注意しつつ営林署が隅々まで見渡して、人手と予算に糸目をつけずに行っています。農薬投与は最小限にとどめ、土壌や森林の損傷を回避し、野鳥の巣穴のある樹木を倒すようなことは行わず、樹木の世代交代は天然の更新によって進められるようにする、つまり固有生物種によるエコシステムを作っていくことこそが大切だとされているのです。

旧西ドイツでは一九七〇年に憲法を改正して、初の「環境保護」という法概念を憲法に加えました。そして国土保全法が制定されて、州法ごとにばらばらだった森林法をまとめて調整したり、具体的な対策を国家的規模で統一的に行うことができるようになりました。

地域主権にはそれぞれの地域に即応した対応ができる、という長所も多いのでしょうが、より効率的で大規模な保護対策をするには、国家規模で行うのがよい、ということかと思います。州にせよ国にせよ、ぼう大な予算をかけ徹底的な意志をもって自然保護に当たるのが、ドイツ的なのでしょう。

無意識という地層

さて、これまで「自然」に直接・間接に関わりをもつドイツ的な思潮として、ヒルデガルト・フォン・ビンゲンの自然論、ロマン主義とそこにおける自然崇拝、さらにはヘルダーの有

6-2　フロイト

機体説的自然観を挙げてきました。ここに、二〇世紀を代表する心理学説である精神分析学と深層心理学も、含めてよいのではないでしょうか。その代表者は、オーストリアのS・フロイトと、スイスのG・ユングです。現在のドイツではありませんが、ドイツ(語)圏で、広い意味でのドイツとみなしてよいでしょう。

フロイトは一八五六年、モラヴィアのフライベルク(現在チェコ領)に生まれ、ロンドンで一九三九年に亡くなりましたが、生涯ウィーンで暮らし研究しました。フロイトは「人間が普段生活しているときには「意識」つまり自我的な意識を頼りにしていて、そうした者たち同士が結ぶのが正常なる人間関係であり社会だとされているが、じつはそうした「顕在内容」を示す意識の後ろ、あるいは下には「潜在内容」をもつ無意識の世界があり、それも人間関係を深く規定しているのだ」と主張しました。

無意識世界には「エス」という欲動がうごめいていて、それは当然、通常のときには意識によって検閲され、抑圧ないし忘却されているのですが、それでもこの無意識の世界こそが人間の精神を深く規定しているのだ、というのが彼の主張です。

人間の心はいわば層序をなしていて、深いところにあるのが無意識なので、それを掘りおこして明るみに出すことが重要だと彼は考えました。また一人の人間の個人史でいえば、乳幼児期の母子関係にまで「さかのぼる」ことをめざすことになります。それは「深層心理学」と呼ばれるようになるのですが、無気味なものや不安といった心理に深く関係し、直面し、とらわれ、おののくことは、病理ではあるが、それを通じて人間が幼児へと退行することを許すわけです。ですから精神分析というのは一種の「精神の地誌学・考古学」のようなものでもあったのです。

他方、ユングは一八七五年にスイスのトゥールガウ州の小さな村にプロテスタント牧師の息子として生まれ、一九六一年にチューリヒ湖畔にあるキュスナハトで亡くなりました。バーゼルで中等教育及び大学教育を受け、チューリヒの有名な精神病院ブルクヘルツリで精神科医としてのキャリアを踏み出しました。当初はフロイトと協力していましたが、第一次世界大戦後は決裂し、来宅患者を診ながら自説を練り上げました。

6-3 ユング

ユングは、患者の幻覚や妄想、夢の中には、フロイトの説く意識によって抑圧された無意識領域よりもさらに深い、いわば人類の集合的無意識の層に属する普遍的象徴が現れると考えたのです。そしてそうした普遍性の高いイメージの元となる表象可能性つまり元型と、それらが夢や諸民族の神話において具体的イメージとしてまとった元型的イメージ(象徴)をたくさんつきとめました。これは、フロイトが個人史の乳幼児期にさかのぼったのに対し、人類の起源にまでさかのぼる手法でした。

フロイトやユングの深層心理学には、ドイツ(語)圏の心理学者ならではの精神の深い地層を、掘り進むという基本的態度があったことが理解できます。

二〇世紀最大の哲学者M・ハイデガー(一八八九〜一九七六年)についても、触れておきましょう。彼はその生涯をシュヴァルツヴァルト(黒い森)の中で始めそこで閉じただけでなく、大学が休暇になるといつも森の中の農村に建てた小屋に隠棲《いんせい》し、自然と交わりながら思索を深め、研究を積み上げていきました。彼は「黒い森の哲学者」とあだ名されています。「創造的な景観。なぜわたしたちはその土地に留まるのか?」(一九三三年)という論考では「わたしの仕事は全部、これらの山々とそこの農夫たちの世界によって支えられ、そして導かれる」と言っています(ハイデッガー全集第一三巻『思惟の経験から』、創文社)。

ですからハイデガーも、フロイトやユングとは別の意味で、「自然」を思索の源泉にしていたことは明らかでしょう。しかしその彼が、ヒトラーに酔いしれナチ・ドイツ礼讃《らいさん》演説をしているのはショッキングです。その接点には、ドイツ民族と自然との独特の関わり方への信念も、関係しているのかもしれません。

ナチが英雄に祭り上げた、銃殺刑に処されたある義勇軍兵士に対する追悼《ついとう》演説（一九三三年）で、フライブルク大学学長だったハイデガーは「この義勇兵は銃口を通り越して、心眼でシュヴァルツヴァルトの山と森と谷を眺めながら、ドイツ民族とその帝国のために死んでいったのだ」として、全学生の総代にヒトラーへの忠誠を誓わせているのですから。

「音楽の国ドイツ」の神話

一九世紀半ばまで三〇〇にのぼる小邦が分立していたドイツでは、国が統一しても中央集権国家のようにはなれず、地方分権制が強く根を張っていて、地方ごとの文化政策や言語（方言）も、ずっと残ってきました。ドイツには、ゲーテやトーマス・マン（一八七五〜一九五五年）に代表される世界文学がじつは少なく、その一方で、地方文学というべきものが多いのも、こうした地方主義と結びついて説明されることがあります。

ですが音楽においては、事情はまったく異なります。音楽には地域から普遍へと飛翔《ひしょう》する力があります。ドイツは「音楽においてずっとヨーロッパ諸国の師範であり、音楽の国としてあがめられている」と自負してきました。

しかし実際は、こうした考え方はさほど古い時代にさかのぼるわけではないようです。ドイツが「音楽の国」とされるにいたった経緯については、吉田寛『〈音楽の国ドイツ〉の系譜学』全三巻（青弓社）が委細を尽くして論じています。

それによると、じつは、一七世紀までは「イタリアこそが完全で優れた音楽の様式をもつ」とされていたそうです。一七世紀前半のヨーロッパで音楽の中心と目されていたのは、実践でも理論でもイタリアであり、他国はそこから学ぶだけでした。一八世紀になっても、イタリア・オペラがヨーロッパ全域に覇権を広げ、イギリスやドイツの国民オペラの発端を頓挫《とんざ》させてしまったほどですが、それでもこの世紀には、さまざまな民族の音楽趣味から優れたものを選りすぐってとり入れ「混合」するのが、「普遍的」な良き趣味となってゆきました。

イタリア様式とフランス様式を自らの固有の様式と混ぜ合わせ世界音楽を作り上げる……それをなしとげたのがドイツ（現在はオーストリア領）の、モーツァルトでした。これが誰もが気に入る普遍的な趣味となり、今度はそのドイツを他国がまねるようになった、という次第です。

興味深いことに、自然とドイツ（人）との深い関わりという論点から「音楽は自然の模倣ではなく、自然そのもの、自然の普遍的言語であり、ならば歌詞や歌を含まない楽器だけの純粋音楽がよい」という主張がなされました。後にロマン主義の音楽美学、W・H・ヴァッケンローダーやE・T・A・ホフマンによって完成される考えです。器楽の国ドイツとの観念、アイデンティティーは、一七七〇年代に成立し一九世紀に確立します。そこでドイツ性が普遍性と一致し、ハイドンが偉大とされるようになりました。

他方で、一八世紀後半以降とくに一九世紀に、ヘルダー的な民衆＝民族精神論が広まると、「混合趣味」は不純なものと考えられるようになります。「民衆は自然の道を歩み健全に思考する、感覚こそ神から送られて人々を導く良心の声だ、民衆は知識人よりずっと自然に近い被造物であり、それは理想的な、今は失われた存在である」とヘルダーは『民謡集』（一七七八～七九年）第二部序論で述べています。

ヘルダーにとって音楽は、人間精神を形成するもっとも根源的な芸術なのです。話すことができない幼児でも歌えるではないか、というわけです。それは民族の感情の純粋なる発露であり、民族全体の調和した感情を表現する。ならばドイツ精神の担い手としての作曲家こそが偉大なのであり、バッハがその最初の偉人としてよみがえり、またドイツ音楽の最終段階、ヨーロッパ音楽史の最高峰にはベートーベンの交響曲が位置づけられます。

さらにつぎの段階に登場したのが、R・ワーグナー(一八一三〜八三年)です。ヘルダーを引き継いだワーグナーは、フォルク(民族)をナチオン(国民)と区別して上位にすえました。「ナチオン(国民および国家)は人工的な構成物だが、フォルクはより普遍的な人間としての民衆＝民族を指す」というのです。

ドイツは国民国家を作るのが遅れただけに、ひとつの国家に帰属するひとつの国民ではなく、地域にこもった民族性がその意識に育ちました。ですが「ドイツ民族」というときには、目に見えないが日常の自分をそこに照らす鏡としてのより大きく深いまとまりが想定され、それは類的存在の人間と、現実の中でバラバラの個人との間を埋める基盤となっているのです。平板で人工的な国民性を超越した人間的な普遍性に届きうるのが、まさに「民族」なのです。

そこでワーグナーは、真に民衆的・民族的なものに根ざした楽劇を作曲し、理想のドイツを作り上げようとしたのです。

以上は『〈音楽の国ドイツ〉の系譜学』を参照しつつまとめましたが、私たちの関心に引き寄せて、いささか補足したいと思います。ワーグナーの「民族」を求める音楽は、「民族」と一体化した「自然」を源泉とした音楽とも言えるのではないかと私は思います。ワーグナーの作品は、多く中世の伝説に想を得ていて、彼はいずれも作曲ばかりか作詞も担当しています。彼は造形芸術、詩、音楽などのジャンルを総合した総合芸術(楽劇)をめざしましたが、より根源的なドイツ的・ゲルマン的なものを求めて「自然」に接近していったのです。

たとえば象徴的な例をひとつ挙げてみると、楽劇『ニーベルングの指輪』に登場するジークフリートは、世俗の富や社会的企みから遠く離れ、森の中で育った自然児であり、分裂してしまった人間と自然を再統合する役割を担わされています(図6-4)。

6-4　自然児ジークフリート

現代ドイツの代表的作家トーマス・マンも「ドイツ的でなくして音楽家でありえようか」など、何度も音楽とドイツ人を結びつける発言をしています。代表作『ファウスト博士』(一九四七年)も、その考えが結実した作品でしょう。そこでは、民族性に根ざした血の国家の蛮行がくり広げられ、目を輝かした青年が隊伍《たいご》を組んで行進し、大衆も至福感に包まれ陶酔《とうすい》していた時代を背景に、ドイツの魂を代表する人物として作曲家アドリアン・レーヴェルキューンを主人公に物語が進行していくのです。レーヴェルキューンはいつも世間と人を避け、沼沢地や森の牧草地に囲まれた農家の一室や山岳地方の宿にこもって作曲と思索をしている、と描かれています。この作品でも、音楽と自然がドイツ人の魂の代名詞なのです。

つまり、「ドイツが音楽、しかも民族音楽ならぬ普遍的に通用する音楽の国とみなされるようになるのは、たかだか一九世紀からであり、それ以後、音楽という目に見えない内面的芸術を媒介《ばいかい》として、ドイツという近代国家・国民＝民族主義が、美的に構築されていき、それは現実の分裂状態を乗り越えるナショナル・アイデンティティーになった」という吉田の考え方には私も同意したいのですが、私としては、この音楽の自然との——単なるイデオロギーにとどまらない——深い関係を、もっと力説しておきたいと思います。

「清潔なる帝国」

ドイツ人が、第一次世界大戦の惨禍と敗北後、いかに追いつめられ、ナチ思想にひかれていったか、その経緯は本章の最初に簡単に述べておきました。ナチやヒトラーの行為は、人類への罪、とてつもない犯罪です。しかし、彼らが行ったすべてがその後に否定し尽くされた、というわけではありませんでした。

じつは、現在のエコロジー思想にまで受け継がれている法制や運動が、ナチ時代に積極的に推進されたことが、最近の研究でわかってきています。その一部についてはすでにお話ししたとおりですが、もう少し時代をさかのぼって観察してみます。

ドイツでは、台所をきれいに整頓《せいとん》し、その使い勝手を幾何学や数学のように合理化しますが、そのかわり、料理の内容や見栄えや美味しさには手間をかけません。昼食が一日のうちの主なる食事で火を使った調理をしますが、夕食は台所を汚さないために冷菜のみ。つまりパン、サラダ、チーズ、ハム、などで済ませ、きれいに片付けることこそが調理の最終目的、というのが今日にもなお遵守されている食事習慣(カルテス・エッセン)です。これはワイマール期に発祥しナチ時代(一九三三～四五年)に定着しました。

藤原辰史の『ナチスのキッチン』(水声社)によると、ナチによる「第三帝国」が「清潔なる帝国」と呼ばれたことがあります。それは第三帝国が主な標的とした性問題や人種主義、つまりユダヤ人を「寄生虫」と呼んで排除するという蛮行の中での表現ですが、家庭の主婦たちにも「清潔なる帝国」実現の一端を担うことが求められ、家庭の中にまで、むだを省き清潔な空間を現出させることが要請されていたのです。台所から汚れや害虫を追い出してせん滅させること、調理後も残った食材を目的に応じて再利用しなくてはならないこと……などです。
ヒトラーは生涯、禁酒禁煙で菜食を好みました。親衛隊長のヒムラー、総統代理のルードルフ・ヘス、彼らの部下たちの多くも菜食主義者で、健康を非常に気にしていました。ナチは反アルコール反ニコチン運動をし、予防医学にも力を入れて、身体全体を壮健にしようとしました。そして「健康な国家」を作ろうとしたのです。

男性は健康な兵士に、女性は家庭を守る健康な母になることに照準が合わされていました。食べ物の栄養価が計られ、肉のかわりに大豆がすすめられ、全粒粉のパンは繊維質が多いので体に良いし便秘解消になる……など、あたかも健康ブーム下の現在の日本と同様な宣伝がなされていました。以上は『ナチスのキッチン』第5章「台所のナチ化」の一部を要約して紹介しました。

マニアックな潔癖さが大きな国民運動と結びつくと、「異物排除」の悲劇をも生みます。ナチは強健な国民を育成し、それを衛生学、健康運動と結びつけていきました。「人種混淆が文化の衰退を招く」とするフランスの作家・外交官ゴビノー(一八一六~八二年)の人種論を信じ、西洋文明がドイツ民族を脅かしたとして民族至上主義に走り、キリスト教以前のゲルマン的な世界像を呼び出すとともに、人種主義的ナショナリズムを抱懐しました。

アーリア人、北方ゲルマン人を「優良人種」として、その純粋な育種を願うドイツの民族共同体は、お互い協力して兄弟のように仲良く生きるのですが、ユダヤ人だけでなく、身体障害者、精神障害者、病弱体質の人など「劣等人種」とされた人々は除かれ、共産主義者・社会主義者も排除されて、強制収容所に送られ虐殺されたのです。殺されない者でも「遺伝的疾患をもつ」とされた障害者が、優生学に則っておよそ四〇万人も断種手術を施されたそうです。すべてドイツ人を護る「血の法則」に従ってのことでした。

もともと、アーリア人というのは言語学の分類で、インド・ヨーロッパ語族に属する人種・民族を総称的にそう呼ぶのですが、ヒトラーは北ヨーロッパのみに勝手に限定し、たとえば南アジアのインド人などはまったく除外されていたのです。

ナチはドイツ(人)の版図を広げるために、東方に入植していきました。当初の予定では、入植者は農村で一八〇〇万人、都市で二二〇〇万人が必要とされました。ポーランド人・ユダヤ人を強制的に移住ないし追放殺戮して、「血液的に価値の高い」ドイツ民族を増大強化させる計画でした。この地の民族性を徹底的にドイツ化し、化学肥料を使わず有機農業を導入し、景観についても「ゲルマン的景観」を復元しようとしました。鉄道・運河・道路・都市・農村などの建設と、宅地、防風林、畑の生け垣、岸辺斜面の植栽などの造成、あるいは湿地の排水などによって、入植地を故郷のような環境に変え、また混合林の森を創り出そうとしたのです。

これは、かつての東方植民やフリードリヒ二世による自然改造を、おなじ「東方」でグロテスクに上書きした政策のように私には思われます。

ナチと自然保護

もうひとつ、ナチ時代にはアウトバーン(自動車専用道路)建設にあたっても、自然との融和が議論され、景観保護・修復への努力がなされました。アウトバーンは一九三三年秋から建設開始され、三五年五月にはフランクフルト～ダルムシュタット間が部分的に開通、その後一九四一年末の建設中止までに全開通した道路は、三九〇〇km足らずでした。

6-5　アウトバーン

アウトバーン建設に際しては、中央分離帯と道路両脇の植栽が重視されただけでなく、両脇から広がる森を保護し、造園術や植栽によるおおい、表土の保護、森の縁部分の再建や修復、冷たいコンクリートの排除、といった配慮を欠かしませんでした。そしてできあがった道路は自然の起伏に沿った美しい弧《こ》を描き、両脇はいつも麗《うるわ》しい緑におおわれていて、現在でも風景を楽しみながら快適なドライブができます(図6－5)。

ナチは、アウトバーン工事に自然保護・景観保護を掲げただけではありません。他にもナチ時代に成立した自然保護・エコ立法はいくつもあります。一九七〇年まで効力のあった動物の虐待《ぎゃくたい》を禁じその権利を保障した動物保護法(一九三三年)、帝国自然保護法(一九三五年)、森林荒廃防止法(一九三四年成立で一九七五年まで有効)などが、ナチ期に制定されました。また制定にはいたりませんでしたが、帝国森林法案の草案が一九三六年に作られました。自然保護ブームがまさにナチ期におき、関連法が、恐るべき断種法や人種主義法と一緒に成立していたのです。

それはしかしナチが始めたというよりも、ワイマール共和国以来の伝統を受け継いだにすぎない、という人もいます。ナチの郷土保護運動よりも早く、一九世紀末から同傾向の運動が広く行われていたことも事実です。それは民俗文化の保護とも結びついた自然と風景・景観を保護する運動で、たとえば一九〇四年に「郷土保護連盟」が音楽家エルンスト・ルードルフによって設立され、多大な賛同を得ています。

この郷土保護運動は、自然療法崇拝、動物愛護、ホメオパシー、反アルコール・反ニコチン運動などとクロスしていき、ドイツ中産市民、教養層を中心に担われました。ですからナチは、すでにあった自然保護運動を引き継ぎながら、それを多様な分野で法制化していったのでしょう。

6-6　クラインガルテン

クラインガルテン運動

小さな区画の園芸用地を賃貸する「クラインガルテン」（市民菜園）の運動も、この文脈でとり上げておきましょう。それは、最初は都市貧民層に自給させるための食用植物を育てる菜園でしたが、一八三〇年代から、工業化・都市化に伴う緑の減少を補おうと、ドイツ各地の大都市で緑化事業が始まります。緑化事業は二〇世紀にかけて発展し、一八世紀以降整備されていた風景式庭園の中の散歩道を補足していきました。

しかし一八七〇年代以降は富裕市民層のくつろぎの場所といった性格が強くなり、その周囲の花壇を家族が世話する園芸活動が流行しました。折からの自然療法熱とも結びついての園芸活動です。一九世紀末から二〇世紀初頭の大都市での住宅問題解決の一端として、クラインガルテンの小屋が住居代わりになることもありましたが、これは一時的なことでした。

こうして緑の環境が再構築され、都市の公園、庭園が計画され、グリーンベルトも緑地として造成されていくことになりました。もともと「園芸は人間の道徳心を高め、精神修養になり、身心を健康的にする」とされていたので、上層市民層の間では男性のみならず女性も携わるようになりました。

一九世紀末から、ドイツ中の学校に園芸作業のための花壇も広まります。自然への理解を深め、生徒自らに作業させて学ばせることが、道徳的な向上をもたらすとされ、野菜、果樹、花卉、薬草、香草が栽培されるようになりました。

こうした一九世紀からのドイツ各地の緑化事業や、前項で紹介した郷土保護運動などの試みを、ナチは引き継いで徹底させたのだと言えます。ヒトラーは著書『わが闘争』第一巻第一一章「民族と人種」の中で自然の摂理をとり上げ「この自然において普遍妥当《だとう》する種族純粋化への衝動《しょうどう》の結果は、たんに個々の種族が外部に対して行う厳格な境界設定だけではなく、また自分自身の内に有する一定の本質的持性でもある」と言っているのですが、この自然観が異常な人種・民族思想と結びついたために、社会を破壊するにいたったのです。

架空《かくう》の「純粋民族」「高等人種」を現実化するためにさまざまな妄想を膨《ふく》らませ、血、自然をエセ科学で利用していったナチ期のドイツ。裸にした人間を何百人も「シャワールーム」と偽ったガス室にぎゅうづめにして猛毒ガスを噴射《ふんしゃ》して殺し、それをオーブンのような炉で重油をかけて焼き、死体から脂を採って石けんにし、その血液や糞尿《ふんにょう》や骨や灰は肥料にして、人体をも含めた「有機農法」を実践する……。このようなおぞましい大殺戮が「自然愛護」や「エコロジー」と一体化していたのですから、ぞっとするほかありません。

第７章

経済大国からエコ大国へ

収穫祭に参加する子どもたち

前章では第二次世界大戦までのドイツ史を概観したので、最後に本章では、戦後の歴史の展開を見ていきましょう。

ヨーロッパの中のドイツ

第二次世界大戦後「二度と戦争をくり返すまい、ナチのような恐ろしい国粋主義者を台頭させまい」というドイツ国民の、そしてヨーロッパ全体の誓いは、戦後補償と新たに制定された多くの法律に、そしてなによりも、ヨーロッパ共同体EC、さらにヨーロッパ連合EUとなって結実しました。「ドイツのヨーロッパ」ではなく「ヨーロッパの中のドイツ」が、戦後のドイツ政治・外交の基本方針になったのです。

一九四五年五月七日、ドイツが無条件降伏し、米英仏ソの四国軍によって占領されました。ポツダム会議では、ドイツの非ナチ化、軍備撤廃《てっぱい》、経済力の分散、民主主義教育などで参加国の見解が一致し、それが実施に移されました。

7-1 第二次世界大戦後のドイツ

ドイツ人の統一政府は認められず、ソビエト連邦が占領した地域には東ドイツが建国されたため、ドイツは東ドイツ(ドイツ民主共和国)と西ドイツ(ドイツ連邦共和国)に分断されてしまいます。西ドイツの新憲法が四九年五月に発効して「基本法」と称され、東ドイツも対抗してドイツ民主共和国憲法が四九年一〇月に発効しました。

ドイツに併合されていたオーストリアは一九五五年になって主権を回復します。一方、一二〇〇万人という大量のドイツ人がポーランド、ハンガリー、チェコスロバキアから追放され、命からがら東西ドイツに流入しました。

不安定な状況は続きます。一九四八年二月二五日にプラハでおきたクーデターに続き、ソ連がいっそう西に侵攻する構えがありました。西側諸国は一致して抵抗し、最終的に一九四九年の北大西洋条約の締結および北大西洋条約機構NATO設立にいたります。

西ドイツは五五年に主権回復するとこの条約機構に加わり、再軍備を始めました。またアメリカが推進したいわゆる「マーシャル・プラン」によって、西ドイツは復興のための援助を与えられ、経済相エアハルトのもとで公正なる市場秩序にもとづく自由主義経済を採用し、「奇跡の経済復興」を果たしたのです。

アメリカ、ソ連、アジア諸国などの台頭で、ヨーロッパ諸国の弱体化が余儀なくされる中、世界におけるヨーロッパの存在感を高めて維持するためにも、ヨーロッパ諸国の団結の必要性が痛感されました。第二次大戦後すぐに西ドイツ首相になり、復興を着実に推し進めた老首相アデナウアーが、一九五〇年三月「独仏連合」のアイディアを提案し、一方フランスでも、フランス経済をドイツとの協力のもとに発展させるために、五月にシューマン外相が「シューマン・プラン」を発表します。

その後、ヨーロッパ石炭鉄鋼共同体ＥＣＳＣ（一九五一年）、ヨーロッパ原子力共同体ＥＵＲＡＴＯＭおよびヨーロッパ経済共同体ＥＥＣ（一九五七年）が調印され、引き続きそれらを統合したヨーロッパ共同体ＥＣを創る作業が推進されて六七年に実現。最初の六か国から徐々に加盟国を増やしていきました。

さらには、コール政権（一九八二～九八年）のもと、ゲンシャー外相を中心に、フランスのミッテラン大統領とも協力して、ヨーロッパ共同体をいっそう強化するためヨーロッパ連合ＥＵになることが、一九九一年にマーストリヒトで決められ、九三年一一月発効。加盟国も増えていきました。こうしたヨーロッパ統合の動きの中、ドイツ（西ドイツ）は、フランスとともに中心的な役割を果たしました。

ドイツ再統一へ

政治体制やイデオロギーのなかなか変わらなかった東ドイツでも、西側からの経済的・物的利益を得て徐々に変革が進み、両国民の悲願たるドイツ再統一が俎上《そじょう》に上りました。

ソ連首脳部は、東ドイツをワルシャワ機構の戦略的同盟国にしたままでおきたかったのですが、東ドイツの国民自身が西側の魅力に強くひかれたため、またたく間に事態は進展し、一九八九年一一月九日、両国を隔てていたベルリンの壁は崩壊、翌年一〇月三日ドイツ統合にいたりました。

経済に着目してみると、一九五〇年代以降、アメリカによるマーシャル・プランの援護もあって、西ドイツ経済は飛躍的に向上し、廃墟《はいきょ》の跡に新たな工場が最新鋭設備とともに作られ、西ドイツ製品はその良質性で世界中のあこがれの的になりました。一九五〇年から一九八〇年の経済成長率は、なんと三五四%と驚異的なものでした。

最初はお荷物扱いだった旧東ドイツの経済も成長著しく、当初の遅れをとり戻しつつあります。ドイツの経済成長はヨーロッパ随一で、ドイツ製品の競争力は国際的に高まり、ＥＵのもっとも重要な経済大国となっています。ドイツは人口も経済力もＥＵ最大になって、ユーロ危機がおきる度に、多くの負担を背負いながらも、ＥＵを存続・結束させるため奮闘しています。

このように現代ヨーロッパの中にすっかり定着し、存在感を増しているドイツですが、本書でくり返し語ってきた、地方自治、地方の慣習や伝統は、まだ濃厚に残っています。これは神聖ローマ帝国から一八七一年の統一を経て、現代まで引き継がれてきたのであり、その政治的現れが、地方政府である州や都市が強い権限をもっている「連邦制」です。

東西合併した現在は一六州(ラント)からなり、連邦政府と役割分担しつつも、州は教育・文化の面で独自の方針で政策実施し、ほかに財政や警察、その他の分野でも多くの役割をもっています。州の権限や責任の調整、連携のために「連邦参議院」があり、各州政府からの代表が集まって審議しています。

ところで、ＥＵは経済的統合を果たしましたが、政治的な統合はごく初期の段階にとどまっています。それがより進んで、連邦制のようになれるのかどうか。分裂の苦悩を味わい続けてきたドイツが、その経験を生かすときかもしれません。「帝国か国民国家か」「大ドイツ主義か小ドイツ主義か」、さかのぼれば中世にまでいたる小国分立……そうした歴史を歩んできたドイツが、いままさに「中心」としてＥＵを担っているのですから。

ドイツのラント(領邦／州)はナショナリズムの時代には影の部分になっていたとしても、これからのＥＵを考えるとき、それは逆に脚光を浴びるのではないでしょうか。国境が相対化している現在、ラントを結び合いネットワークを作り、それをヨーロッパ全体に広げていければ、EUの充実が図れるように思います。

過去の克服はできたのか

順風満帆《じゅんぷうまんぱん》に見えるドイツにも、もちろん問題がないわけではありません。西ドイツ時代から統一した現在にいたるまで、ドイツはヨーロッパの近隣諸国と対話し、過去に自分たちの犯した罪をつねに贖罪《しょくざい》し、歴史を直視しながら「過去の克服」に努めています。しかしそれでもドイツの罪を相対化しよう、軽減しようとするような危うい学問的な動きもありましたし、外国人排斥運動もおこっています。

現在、ドイツでは約八一〇〇万人の人口のうち、約二割の人口が移民の背景をもつ者とされています。とくにドイツ再統一の頃より、東欧からのドイツ系住民の帰還者や庇護《ひご》申請者が多くなったのです。

それでも二〇〇五年にはじめて移民法を施行するまで、ドイツは自国を「移民受入国」とは認めてきませんでした。一九九九年に成立し二〇〇〇年に発効した国籍法改正によって、血統主義が緩和され一部出生地主義をとり入れたものの、それまでずっと血統主義が墨守されていたことも、法的にも心理的にも移民受入体制が整っていなかったことの表れです。トルコ、イタリア、ポーランド、ギリシャ、クロアチア、セルビア、ロシアなどから多数の人たちがやって来て、外国人労働者とその家族が増加の一途をたどりました。しかしごく最近までの血統主義のせいで、ドイツに居住している外国人は、その子がいくら世代を重ねたとしても、ドイツで生まれたという事実によって国籍は与えられませんでした。逆に国外にいて、しかも国籍をもたなくても、ドイツ性が血統、言語、教育、文化などの要素によって確認される者ならばドイツ人として認められる、ということになっていたのです。

上述の国籍法改正と二〇〇五年に発効した新たな移民法によって帰化する人が大幅に増え、差別も法的には縮小しました。ですが生活実感として「ドイツ人になるというのはドイツ民族に帰属することだ、外国人は決して文化的な意味でドイツ人にはなれないのだ」という民族観が続いているかぎり、本当の意味での移民受入はできないでしょう。

それは要するに「自然的にして歴史的なるドイツ民族」を否定しなくてはならないことにつながるのですが、私たちが本書で見てきた長く深い伝統の重みを考えると、そう簡単にはゆきそうもありません。その困難は、日本の在日外国人や移民受入をめぐる状況を照らし合わせてみても、想像に難くはないでしょう。

ところが、最近(二〇一五年)のドイツが見せているシリア難民の積極的受け入れ姿勢は、私の予想が、案外あっさりと裏切られるかもしれない、とも思わせます。気がついてみたら、ドイツは模範的な「移民受入国」になっていた、などということも、ありえない事態ではないのかもしれません。

遅れてきた国民

では、ドイツの歴史の本質とは何でしょうか。ドイツ的な国家とはどんな国家なのでしょうか。「森と山と川」でドイツ史をたどってきた本書のまとめもかねて、ここで考えてみましょう。

一〇世紀から一九世紀まで、きわめて長きにわたって、ドイツ(地域)には、輝かしくも権威ある「帝国」がありましたが、それは、ドイツのユダヤ系社会学者H・プレスナーが(ニーチェの言葉を借りて)「遅れてきた国民」と表現したように、地方分立および国民国家欠如という事態と、裏表の関係にありました。

ギリシャ・ローマとキリスト教思想の合体した政治的ヒューマニズムは、一七世紀に西欧諸国を国家として強化していき、その後それら列強は、世界の帝国主義的分割に走りました。おなじ時代、ドイツでは逆に帝国が衰退していったのです。領邦は景況にめぐまれ急速な工業化を達成したものの、市民階層の発展が妨げられ、国民統合の力は弱いものでした。

政治においても、啓蒙主義や人文主義の支えもなく、カトリックが敗退してその歴史観もすたれていくと、精神的な打撃を被り、歴史的な自己把握がうまくできなくなってしまいました。帝国は住民の回想の中にあるだけで、実体としては存在しませんでした。しかし他方で、国民国家を実現できるほどには彼らは成熟もしていませんでした。

ドイツは、統一国家ができたのが一八七一年ときわめて遅く、また国境線も、海に面する北はともかく、南と東西はそれまでまったく確固としたものになったことがありませんでした。それのみか、パリやロンドンのような国家としての中心都市さえなかったのです。

イタリアは帝国としてドイツの一部でしたが、別の時期になるとオーストリア、ハンガリー、スイス、ネーデルラントまでがドイツの一部になりましたし、ハプスブルクの帝国を思えば、スペインさえもそうでした。国境が安定せず、たえず伸び縮みするというのは、そこにさまざまな部族・民族が行き交ったり住んだりする、ということであり、また隣国との係争の的になるということでもありました。

一九世紀の統一運動では、大ドイツ主義と小ドイツ主義が対立しました。大ドイツ主義では、栄える帝国の名称を保つためウィーンを中心にすることになりますが、ベルリンはあきらめることになります。同時に、近世以降ドイツの精神的屋台骨となったルターの精神が生かされなくなってしまいます。かたや小ドイツ主義では、カトリック的な文化伝統を受け継げず、神聖ローマ帝国への郷愁の焦点であるウィーンをあきらめなくてはならないのです。

もしも、大ドイツ主義でも小ドイツ主義でもなく「民族自決」にもとづいて、ドイツ民族がひとつの国家を作るとすれば、他の国(ポーランド、オーストリア、スイス、フランス)を破壊してしまいます。こうしていずれも十分な解決策にはならなかったのですが、結局、小ドイツ主義に立ち、プロイセンを軸にドイツ統一が成ったことは上述のとおりです。

遅れの創造性

プレスナーの「われわれドイツ人は遅刻して来た者である。われわれは国民としては歴史的な遅滞を挽回できない。だがこの遅れは単に不利な運命を意味するだけではない。外的な無能というものの常として、この遅れは創造的な可能性であり、内的な能力に訴えかけるものである」(『遅れてきた国民』、土屋洋二訳、名古屋大学出版会)という言葉にある「遅刻」「遅滞」「遅れ」は、近代芸術のかたよった展開によく表れています。ドイツで近代的小説が発達しなかったことは、すでに述べたとおりです。そのことがかえって、言葉と形象のない音楽が、彼らにふさわしい表現として発展することを助けたのです。

さらにドイツでは、プロテスタントの文化理念が作用して、孤独と深みから、簡単に言葉にできない事柄を表現させました。つまり「深み」がない文化はドイツ人には考えられない、だから、ドイツ文化の粋は哲学と音楽になったのです。

ドイツの知識人は、世界観の深みに個人の存在を賭けました。これは個人主義、表層の論理やおしゃべりなどを重視するフランスやイギリス、そしてアメリカとの大きな違いです。哲学者シェリングは「私はロックを軽蔑する」と言い、ニーチェも共感したそうですが、ドイツ精神ほどロックが似合わない精神はないでしょう。

ただし戦後は価値観が変わり、ドイツの若者はアメリカにあこがれてダンス・カフェでロックンロールを踊るばかりか、チューインガム、コーラ、Tシャツ、革ジャン、ジーンズが流行し、プレスリーやビートルズに熱狂する人も多く現れました。ダンスミュージックの「テクノ」(アメリカのデトロイト発祥)が壁崩壊後のベルリンでは大盛況で、クラブ文化が街中を巻き込んでいると言いますから、これもドイツ精神が大きく変容した印なのでしょう。

自然との深い関わり

ドイツ人に固有の「深み」のある文化は、長い「歴史」によって養われて来ましたが、これと不可分の関係にあり、それを創り支えたのが「自然」でしょう。この場合の「自然」は、一方では、理念・イデオロギーであり、ドイツ精神に影響を与えてきました。しかし他方では、そうした理念やイデオロギーの背後に、現実の森とか山とか川、大地とか鉱物とか温泉とか緑地とかの、自然のもろもろの現れおよび局面との、深く親密な付き合いや活用があったのです。そのことを、私たちはこれまで本書で確認してきたわけです。理念でありながら、それが宿った具体的な対象物との接触を求める、というのがドイツ的なのです。

これは、花鳥風月を愛でる、日本人の淡く風雅《ふうが》な感性とも違います。おなじように「自然」を愛する、崇拝する、と言っても、ドイツのものは、行動的・肉体的で深く掘り下げ、高く飛び立ちます。

具体的な自然とは、森であり山であり川です。それらすべてをひっくるめて「大地」と呼んでもよいかもしれません。こうした自然は、前近代では美的に鑑賞する景観ではなく、むしろ恐るべき力の宿った得体の知れぬ存在でした。しかしドイツ人は、いくら厳しくともその自然と相対し、飼い慣らし、利用すべきだと考え、その交渉は、全身的なもの、かつ全霊的なものになっていきました。

この精神に則って、森と川の利用が初期中世から活発になされていきました。山についても、近世以後、鉱山開発を中心におなじ志向で邁進《まいしん》していったのです。これが各地の都市・領邦の経済や社会の発展に資したことは言うまでもありません。

またこうした態度は、まずはゲルマンの神々の神話を、ついで妖精や野人にまつわる民俗の伝承を生みだしていき、さらには大地や鉱物、あるいは植物をめぐる錬金術的・自然学的な思想が練り上げられていきました。

そして近代になると、ドイツでは市民的な教養層の欠如や福音主義信仰による束縛のため、啓蒙主義が十分浸透せず、かわりにロマン主義が活発になりました。そこで特有の美的な自然観が培われることになったのです。内面性、根源性、戦闘的熱狂、深い思索、こうしたものが、ますますドイツ人の性格に結びついていったのですが、そこにはつねに、森、山、川などの自然物の媒介がありました。しかもそうした自然は、民族の幻想と重なって、地理的にも歴史的にも定義しえないドイツ民族を、定義するのを助けたのです。

ドイツの現実の「統一」はプロイセンによってなされましたが、それはドイツの近代における政治的可能性が、長い歴史などまったくない東方の辺境、このエルベ川とその東の未開の土地、いわば「植民地」にあったことを意味します。つまりここでも、ドイツ(人)は、未開の「自然」を梃子にしかまとまることができなかった、というわけなのです。

政治と結びつく危険性

ドイツ人は二〇〇〇年近くにわたって、具体的な自然を活用して生活に役立てるだけでなく、より深い精神的・身体的な交流をもってきました。それが、彼らを政治的不安定・未確定の宙吊り状態の不安から救い、安心感、誇りと名誉の感覚さえ与えてきたのです。

パリやロンドンのような中心もなければ拠るべきギリシャ・ローマの伝統やキリスト教の伝統もない、しかもおびただしい領邦に分断されたドイツ人が、自己の定着地として認められるのは、曖昧だが根源的な自然や風景であって、生命とエロスが躍動している――個体としての人間とその魂がごく一部を構成する――有機体世界＝自然世界でした。

ですから一九世紀になって、ドイツにナショナリズムがわきおこってきたとき、根源とか自然とか、家郷とか祖国とか、血縁とか地縁などとの、情感あふれる結びつきに深く訴えながらのプロパガンダがくり広げられました。まさにウェットなナショナリズムなのですが、その大元には、ドイツ人にとっては「自然」こそが「家郷」であり、そこから引き離されてはドイツ人のドイツ人たる存在理由がなくなる、という思いがあったのです。

この独特な自然観を深く考察した当時の思想家たちによると、その「自然」には「言語」との密接な連関がありました。そして「ドイツ人の祖先は――他のゲルマン民族とは異なり――原民族の居住地にずっと止まり、かつもともとの言語をそのまま維持した」「だからドイツ民族のみが根元とつながっており、そこに真に固有文化が育つのだ」と主張されました。

ここでは「言語」こそがひとつの「民族」の基礎をなすものであり、それがあたかも、植物や動物であるかのように分化し、成長していくととらえられています。「ドイツ人は言語も自然の根源性につながっているのに、他の諸民族は余所《よそ》の言語を受け容れたり、故地から別の地域に移動して堕落《だらく》し、文化も停滞してしまった」とされるのです。

このような考えに立てば「ドイツ語が話されているすべての地域がドイツとして統一されるべきだ」ということになり、このドイツ民族中心主義が、純血主義や世界主義と結びついていくとどんな恐ろしい結果がおきるかは、ナチ・ドイツが赤裸々に示したとおりです。

上へ上へ

自然や言語を民族・国民の基底にすえること、これは政治的立場のいかんを越えて、すべてのドイツ人に適合するというメリットがありました。人間の内面と自然とが補い合い、政治的な分裂を克服して、祖国愛へと向かわせるからです。しかしそれは、単に郷土愛を水平に拡張したものではありません。身近な自然に愛着を抱いて一体化感情（＝郷土愛）を覚えれば、むしろ地域主義に閉じこもることになり、民族・国民の統合には向かわないでしょう。

そこでは、もうひとつ、超越的な要素が必要でした。水平ではなく垂直方向の要素です。ドイツ人が内面を深く深く掘り下げる文化をもっていることは、すでに述べました。気候温暖で肥沃な南方ヨーロッパと異なり、厳しい自然と対峙しつつ、しかも地中海にも大西洋にも面しないために広大な海を通じた他の世界・人々との接触が得られなかったことが、おのずと内面を掘り進めさせたのでしょう。しかしながら、ドイツ人にとっての自然は、天に跳躍するような、超越、崇高、飛翔といった理念とも不可分の関係にあったのです。

たとえば中世ドイツでは、ケルン、ウルム、シュパイエル、シュトラースブルクといった、尖塔《せんとう》を誇るゴシック教会が数多く建てられました。それが一種の「森」を表しているという説もあり、内部の円柱、角柱とその先に伸びるリブは樹木とその支脈である、外部に見える小尖塔も針葉樹林が密生しているさまを表すと説かれます。

そうした解釈も可能かもしれませんが、むしろ私は、垂直に伸びるとがった聖堂がドイツで

7-2　ドイツの大聖堂

好んで建てられたのは、周囲を市壁で区切られて水平には拡張し得ない都市空間において、それでも狭いところに縮こまっていたくないドイツ人意識の特性を表しているのではないかと思うのです。高みにあこがれ飛翔したいという願望は、自然への独特な崇敬・意識とともに、ドイツとドイツ人の歴史を、中世以後、強く規定しました。天をめざして突き進む、超越への願望と申しましょうか。

もうひとつ、一八世紀以降の山岳崇拝については すでに説明したところですが、山の高みへの憧憬をより明確に語った哲学者に、ここで登場してもらいましょう。それはF・W・ニーチェ（一八四四〜一九〇〇年）です。ニーチェは時折、自分を登山者にたとえています。たとえば『ツァラトゥストラかく語りき』(一八八五年)第三部の「帰郷」の章では「泥沼をひっかき回してはならない。人は山々の上に棲むべきだ。私は祝福された鼻孔《びこう》で、ふたたび山の自由を呼吸するのだ! ついにわが鼻は、あらゆる人間存在の臭いから解放されたのだ!」とあります。俗人の日常から離れた超人の住処は山岳こそがふさわしい。山巓《さんてん》は神々の住処でもあり、神々はそこからやって来るという伝統的な――ゲルマン的な――宗教感情とも通じる考え方です。

こうした「高み」へのあこがれは、それまでのドイツの国のありかたにも、影響してきたのかもしれません。フランスやイギリスには――ナポレオンをのぞいて――手に入れられなかった「帝国」と「皇帝」という至高の権威。ドイツでは、じつにオットー大帝の時代から一〇〇〇年近くにわたってその「帝国」と「皇帝」を戴いてきたのですから。

しかし、こうした権威と山の高みへのあこがれは、より世俗化された形で、ヒトラーの国民社会主義とも結びつきました。彼はオーバーバイエルンのベルヒテスガーデンの山の屋敷に住み、登山服を着て姿を現し、彼の所に登ってくる「信者」を迎えました。またレニ・リーフェンシュタール監督のナチ党大会記録映画においては、ヒトラーは航空機に乗って彼を待つ大衆のところに降下していくのです。

さらにヒトラーは、アイガー北壁登頂者やヒマラヤ山脈のナンガ・パルバット探検隊の死者たちにも、おおいに関心を寄せていたようです。自分とナチにまつわる神話を強化してくれると期待していたのでしょうか。

秩序の追求

ドイツは、哲学の国、あるいは音楽の国だとよく言われます。ドイツ哲学の特徴としてしばしば指摘されるのは、現実と経験を全体として、統一的に概念把握をし、壮大な体系を作り出そうとした点です。それはとりわけF・ヘーゲル（一七七〇～一八三一年）において実現しました。またドイツ音楽についても、ベートーベンの交響曲などに典型的ですが、構築的で秩序《ちつじょ》立った構成が好まれてきました。この秩序の追求は、じつは「自然」に対する態度にもしばしばうかがわれる特徴なのです。

ゲルマン時代には、秩序と平和の支配する村を、人間と飼いならされた家畜の領域（家庭・耕地）つまりミクロコスモスとし、その外部の混沌《こんとん》たる自然世界（森・荒野・山・海）を野獣や妖魔の住むマクロコスモスとして、両者をはっきりと区別しました。その後の中世社会でもこうした考え方は継続して、たとえば村や町は壁で囲まれ、その中でこそ、法と正義によって安心できる秩序立った生活が送れると信じられました。

こうした秩序と無秩序の峻別は、やがて無秩序な自然世界に秩序をもたらそうという衝動を喚起します。それは中世では、森林の伐採と植樹、開拓・灌漑などにもっともよく表れていますす。近代になるとこうした自然征服がいっそう進行し、森林や荒野ばかりか、川、湖、沼といった水域の改良・改変工事が、とりわけ一八世紀後半から一九世紀にかけて推進されたことは、第5章で紹介したとおりです。

そしてさらにその後、クラインガルテン（市民菜園）が流行していったときも、小区画の園芸用地が整然と区画されて、そこにある建築物（門、柵、集会所、四阿《あずまや》）も美しくすることに意を用い、都市の中の緑を秩序立てたことはすでに見たところですし、これがナチ時代の自然保護運動・法制にも接続していくのです。

要するにドイツ人は、自然に対して、しばしば渦巻く深淵をのぞき込むように、あるいは手の届かぬ高山を仰ぎ見るように、接近せずに仰望ないし畏怖する、という面はたしかにありますが、身近な手に届く自然には手を加えて、見栄えよく、また便利に活用できるようにしよう、とする態度が古くから目立っていたのです。社会の不安定、アイデンティティーのゆらぎへの不安を、身近な自然を相手にした徹底的な加工と統制、分類と秩序化でなだめたいという思いもあったのでしょう。

こうした自然への態度は、現代ドイツ人の性格にも反映しています。ドイツ人の性格として勤勉、倹約、秩序・規律遵守、きれい好き、完全主義などが挙げられますが、実際、多くのドイツ人は、家庭やオフィスの整理整頓・清潔を心がけ、諸分野の組織についても徹底して全体の管理・統合を追求する傾向があります。

環境先進国へ

最後に、現代ドイツの環境対策を眺めてみましょう。

西ドイツでは、ルール工業地帯の大気汚染などへの対処を当面の目標に、一九六〇年代末以降に本格的にエコロジー政策が推進されていきました。またドイツ社会民主党出身のブラント首相のもとで「環境保護計画」が提出され、大気・土壌・水質・動植物などの生態系の保護をめざしました。一九八〇年代からはゴミ減量政策が徹底的に行われ、一九九一年には「包装廃棄物の発生回避に関する政令」が、一九九四年には「循環経済・廃棄物法」が制定されました。それらによりゴミの回収とリサイクルが包装および容器の製造・流通業者に義務づけられ、国民の間に包装を最小限にしよう、という意識も広まって成果を上げています。

またエネルギーを自ら生産するのみか、そのエネルギーを無駄に逃がさないいわゆるエコハウスが熱い視線を浴び、政府によっても推奨されています。エコ集落、エコタウン計画とも連動して今後の展開が注目されています。

環境との関係でとりわけ注目すべき政治動向は、緑の党の運動とその政党としての躍進です。この党は一九七〇年代の環境汚染、森の白骨林化などの問題に触発されて、一九七九年に創設されました。創設メンバーは、八〇年代前半に根源的な価値観転換を示し、技術的科学的進歩に待ったをかけ、産業社会の変革を求める場面もしばしばありました。

緑の党の動向は、原子力への懐疑、自然エネルギー推進その他で、社会民主党に影響をおよぼしました。連邦党としては一九八〇年初頭にはじめて登場し、高度経済成長の負の面に気づきはじめた人々の支持を得て、党勢を延ばしていきました。緑の党は、地方自治体でも州レベルでもしっかりと根づき、一九九八年から二〇〇五年には社会民主党ともども政権の座に就き、リサイクル・システムなど、環境保護政策をいよいよ活発化させました。

しかし、緑の党はつねに順調であったわけではなく、原発政策については、ルール工業地帯の労働者たちに背を向けられたこともありました。が、八六年春のチェルノブイリ原発事故以後、原発への不信が広がり、緑の党の支持率も高まっていきました。原発廃止は、産業界、とりわけ製造業界が反発し、ドイツ電気事業連合会も難色を示すなど、二一世紀になっても政権が策定した脱原子力計画はなかなか実地に移されず、原発延長へと逆戻りするシーンもありました。それでも国民の反原発意識は高く、おびただしいデモ参加者の圧力があり、ついには福島原発事故(二〇一一年)をきっかけに、メルケル首相下のキリスト教民主同盟政権が脱原発を決定して、事態は大きく動いたのです。

こうした政治における環境対策を背後で支えているのが、国民レベルでのエコ好き、自然好きです。二つの大戦を経てもあいかわらず市民菜園(クラインガルテン)がブームで、住民個々人の努力で都市の緑を守ろうとしています。一九九〇年のドイツ統一時には東西両ドイツのクラインガルテン関連組織を統合して、巨大な「ドイツ菜園愛好者連邦連盟」ができました。今世紀初頭時点で、一万五二〇〇協会が所属し、約一〇〇万区画の庭が所属会員によって管理され、利用者数はほぼ五〇〇万人に上るそうです。

またドイツ国民は、食べ物、化粧品、石けん、洗剤など、なんでも「有機」を求めるのですが、それは七〇年代末から食品スキャンダルがくり返されたことも原因のひとつでした。化学製品が大地と河川を汚染し、人間の食べ物や飲み物にも入り込んでいる。農地に化学肥料や殺虫剤、除草剤をまくことで自然の組成を失った大地は、農産物をもおかしくしてしまう。こうした事実を知って衝撃を受け、率先して「有機」に走ったのです。

二〇〇一年からドイツ連邦食料・農業・消費者保護省の後押しを得たこともあり、現在ドイツでは自然食品が一大ブームで、約四〇〇〇店の「レフォルムハウス」が全国展開し、厳しい基準をクリアーした自然食品——および自然化粧品・自然薬品——を販売しています。またdmというドイツ女子御用達のような自然化粧品やボディケア製品をそろえたドラッグストアのチェーン店も大人気で、いたるところにあるそうです。このようなドイツ人のエコ好き、有機好き、自然保護熱は、国家的なそして国民的な運動になって、世界に範を示しています。

環境先進国として名をはせたドイツですが、ふたたび非理性の深みへと落ち込んで、自然の名のもとに人間を呪ったり裁いたり抑圧したりすることのないように願います。「基本法」(憲法)に浸透した不可侵の人権尊重思想、国家権力が国民にすべての根拠をおく民主主義の理念だけは手放さないよう望みます。先の大戦でドイツと同盟国であった日本も学ぶべきことは多いでしょう。

二度の大戦から教訓を学び、今回こそ議会制民主主義が確固と根づいて一般市民にも受け容れられた今、そしてEUという超国家的政治体の中心メンバーになった今、ドイツは、あいかわらず民族や自然に心ひかれながらも理性をより重んじ、かつてのような非理性主義や悪魔的な思考回路にとらわれることは、もはや二度とない、と私は信じています。

あとがき

おなじ岩波ジュニア新書で刊行された『パスタでたどるイタリア史』と『お菓子でたどるフランス史』では、食べ物を切り口に、それぞれの国の成り立ちをたどっていったので、ドイツでもそうしようか、という気がなかったわけではない。

しかしジャガイモやソーセージ、あるいはビールでは、ドイツ史のごく一部を切り取って面白く物語るくらいしかできそうもないと判断し、食べ物はあきらめることにした。また私が思うに、対象への無類の愛着、尊敬、あるいは感動がないと——たとえ悪政や迫害をとり上げる場合でもその犠牲となった民衆への思いがないと——歴史は描けない。私には、イタリアのパスタやフランスのお菓子ほど、ドイツの食べ物に限りない愛着は抱けないことを、告白しておこう。

そこでいろいろ考え調べたあげく、たどり着いたのが「自然」であった。とりわけ「森と山と川」である。ドイツでは、文学はもちろん、音楽や絵画でも、自然の描写がきわめて重要な要素となっている。しかもそれは単なる趣味の問題ではなく、より深い全身的・全霊的な関係のように思う。芸術に表れた表象や、あるいは思想家が依拠する観念としての自然だけではない。ドイツ人ほど、現実の自然を眺めたりその中にいたりするのを好み、そのうえでまた自然に手を加えるのをいとわない国民はいないだろう。

こうした、一方で精神的な意味での自然、他方で物理的な意味での自然、その両方をない交ぜながら、ドイツ(人)は、古代ゲルマンの時代から現代まで二〇〇〇年の歴史を歩んできたのであり、その自然と歴史の深いつながりを解きほぐしながら、うまく描きたいと思って、私は本書を書き進めていった。はたして成功しただろうか。

本書の全体としてのヴィジョン・とらえ方は、私のものであるのはもちろんだが、執筆に当たっては、ドイツ語や英語の書物のほか、日本語文献にも依拠した。それら参照した書物は、とてもすべては列挙しきれないが、以下、日本語文献で、とくに自然に関わるもの、およびドイツ人論として興味をひかれ、大いに参考にさせていただいたものを挙げておきたい。

- 魚住昌良『ドイツの古都と古城』山川出版社、一九九一年
- 大野寿子『黒い森のグリム』郁文堂、二〇一〇年

・小塩節『ライン河の文化史――ドイツの父なる河』講談社学術文庫、一九九一年
・小野清美『アウトバーンとナチズム――景観エコロジーの誕生』ミネルヴァ書房、二〇一三年
・岸修司『ドイツ林業と日本の森林』築地書館、二〇一二年
・小林敏明『風景の無意識――C・D・フリードリッヒ論』作品社、二〇一四年
・成城大学文芸学部ヨーロッパ文化学科編『ヨーロッパと自然(シリーズ・ヨーロッパの文化①)』成城大学文芸学部、二〇一四年
・野島利彰『狩猟の文化――ドイツ語圏を中心として』春風社、二〇一〇年
・藤原辰史『ナチスのキッチン――「食べること」の環境史』水声社、二〇一二年
・穂鷹知美『都市と緑――近代ドイツの緑化文化』山川出版社、二〇〇四年
・吉田孝夫『山と妖怪――ドイツ山岳伝説考』八坂書房、二〇一四年
・吉田寛『〈音楽の国ドイツ〉の系譜学』全三巻、青弓社、二〇一三―一五年
・エリアス、ノルベルト(ミヒャエル・シュレーター編/青木隆嘉訳)『ドイツ人論――文明化と暴力』法政大学出版局、一九九六年
・キーゼヴェター、フーベルト(高橋秀行・桜井健吾訳)『ドイツ産業革命――成長原動力として

の地域』晃洋書房、二〇〇六年
・ディーバス、アレン・G（川崎勝・大谷卓史訳）『近代錬金術の歴史』平凡社、一九九九年
・ハーゼル、カール（山縣光晶訳）『森が語るドイツの歴史』築地書館、一九九六年
・プレスナー、ヘルムート（土屋洋二訳）『遅れてきた国民——ドイツ・ナショナリズムの精神史』名古屋大学出版会、一九九一年

本書の構想は『パスタでたどるイタリア史』『お菓子でたどるフランス史』でお世話になった、岩波書店編集部の朝倉玲子さんと練り上げていったが、彼女が産休に入られたため、編集作業は、同編集部の塩田春香さんに引き継いでいただいた。塩田さんには、地図作成や図版選びのほか、中高生向けの文章に直すのを手伝っていただいたり、さまざまな不備を指摘していただいたりと、大変ご厄介になった。心より感謝したい。

また新潟大学教育学部准教授の小林繁子さんは、原稿を一読し、ドイツ史の専門用語の厳密な使い方や、固有名詞の日本語表記について、多くを教示して下さった。彼女にも御礼申し上げたい。

「美味しい」思いをして読み進めてもらうことはできないが、雄大でダイナミックな、そし

て奥深い自然の姿に触れながら、ドイツの歴史の醍醐味《だいごみ》を中高生の皆さんにも味わってもらえれば、嬉しく思う。

二〇一五年一〇月

池上俊一

ドイツ史年表(**太字**は自然に関連する年表)

前一〇〇〇頃～前五〇〇頃	ゲルマン諸民族がスカンディナヴィア半島南部より移動を始め、北ドイツに居住
前一一三～四三九	ゲルマン民族とローマ人との戦いが繰り返される
九	トイトブルクの戦いでローマ軍がゲルマン人に敗退
九〇～一六〇頃	**ローマ人、ライン・ドナウ両川間にリーメスを築く**
九八頃	**タキトゥス『ゲルマニア』成立。「森の民」ゲルマン民族を記述**
三七五	西ゴート族がローマ帝国領に侵入し、ゲルマン民族の大移動開始
四七六	西ローマ帝国滅亡
四八一	クローヴィスがフランク王に即位しメロヴィング朝を始める(～七五一)
七一九	**ボニファティウスのドイツ伝道始まる。ゲルマン人に神聖視されていたカシを切り倒す**
七五一	小ピピン(ピピン三世)がフランク王に即位し、カロリング朝開始(～九八七)
八〇〇	カール大帝、教皇によりローマ皇帝に戴冠される
九世紀頃～	**狩りの特権的場としての森が史料に頻出。貴族らに狩猟熱高まる**
八〇四	カール大帝、ザクセンを征服
八四三	ヴェルダン条約によりフランク王国が三分割される
八七〇	メルセン条約によりロートリンゲンが東西フランクによって分けられ、現在のフラン

	ス、ドイツ、イタリアの原形が成立
九六二	オットー一世がローマ皇帝に戴冠し、神聖ローマ帝国成立(～一八〇六)
一一～一二世紀	**ライン川はじめ大河沿いに都市が続々と建設される**
一一～一三世紀	**アルプス峠道の多くに宿坊ができる**
一〇七五	教皇グレゴリウス七世と皇帝ハインリヒ四世の間で叙任権闘争始まる(～一一二二)
一一五〇～六〇	**ヒルデガルト・フォン・ビンゲンの『自然学』および『病因と治療』成立。「緑性」の思想を説く**
一二世紀中頃～	**東方植民が活発化**
一一五二	フリードリヒ一世(バルバロッサ)、国王に選出される
一二二六	ドイツ騎士団、プロイセン領有を認められる
一二五四	大空位時代(～一二七三)
一四～一六世紀	**ドイツ鉱山業が飛躍**
一三四七	ペスト(黒死病)大流行(～五〇)
一三五六	カール四世、金印勅書発布
一四四〇頃	グーテンベルクが活版印刷術発明
一五一七	ルター「九十五か条の論題」発表。宗教改革始まる
一五二四～二五	ドイツ農民戦争
一五二五	**農民要求「十二か条」で森林に対する権利を主張**

一五五五	アウクスブルクの宗教和議
一五五六	**アグリコラの『デ・レ・メタリカ(鉱物について)』成立**
一五七〇～一六四〇	魔女迫害のピーク
一六一八～四八	三十年戦争
一六五六～六一	**グラウバーの『ドイツの繁栄』公刊**
一七世紀末～一八世紀	**森の乱伐が進み、復元計画が議論される**
一七〇一	プロイセン公国が王国に昇格(～一九一八)
一七四〇	プロイセンでフリードリヒ二世即位(～八六)。オーストリアではマリア・テレジアが即位(～八〇)
一七五六	**フリードリヒ二世「ジャガイモ令」を発布**
一七五六～六三	七年戦争
一七八四～九一	**J・G・ヘルダーの主著『人類の歴史哲学のための諸理念』刊行**
一七八五～一八二三	**ゲーテ、頻繁に温泉地に通う**
一八世紀末～一九世紀前半	**ドイツ・ロマン主義文学で、森、山、鉱山、洞窟などが好んで題材にされる**
一八〇六	ライン連盟が帝国より脱退し、神聖ローマ帝国解体
一八一四～一五	ウィーン会議
一八一六	**グリムの『ドイツ伝説集』成立。自然にまつわる伝説を多く集める**
一八二四	**ハインリヒ・ハイネ「ローレライ(どうしてこんなに)」発表**

一八三四	ドイツ関税同盟発足
一八三五	ニュルンベルク～フュルト間にドイツ最初の鉄道開通
一八四〇年代～二〇世紀初頭	**河川曳航業が近代化され活発になる**
一八四八	フランクフルト国民議会開催
一九世紀半ば～	ドイツで急速な工業化進展
一八五〇～六五	**アルプス登山の絶頂期**
一八五〇～二〇世紀初頭	**石炭・鉄鉱が豊富なルール地方で鉄工業大発展**
一八六二	ビスマルク、プロイセン首相に就任(～九〇)
一八六六	プロイセン・オーストリア(普墺)戦争
一八六七	プロイセンを盟主とする北ドイツ連邦成立(～一八七一)。オーストリア＝ハンガリー二重帝国成立(～一九一八)
一八六九	**ドイツ山岳会設立**
一八七〇年代～	**クラインガルテン運動活発化**
一八七〇～七一	普仏戦争
一八七一	ドイツ帝国成立。ヴィルヘルム一世がドイツ皇帝に戴冠
一八七四	**ワーグナー、ゲルマン伝説に材を取った「ニーベルングの指輪」作曲**
一九〇一	**ワンダーフォーゲルが正式に成立**
一九〇四	**郷土保護連盟設立**

一九一四	第一次世界大戦開戦(~一八)
一九一九	ワイマール憲法制定され、ワイマール共和国誕生
一九二九	世界大恐慌始まる(~三三)
一九三三	ヒンデンブルク大統領、ヒトラーを首相に任命
一九三三	**アウトバーン建設開始**
一九三三~三五	**ナチ党、自然・動物保護法を制定**
一九三九	ドイツ軍ポーランドに侵攻し第二次世界大戦開戦(~四五)
一九四九	西独議会評議会、基本法を可決しドイツ連邦共和国成立(五月)。東独、民主共和国憲法を発布し、ドイツ民主共和国成立(一〇月)
一九五五	西独、主権回復しNATOに加盟
一九六七	ヨーロッパ共同体(EC)誕生
一九八〇	**西独、緑の党が全国レベルで成立**
一九九〇	東西ドイツ統一(一〇月三日)
一九九一	**「包装廃棄物の発生回避に関する政令」制定**
一九九三	マーストリヒト条約によりヨーロッパ連合(EU)発足
二〇〇二	EU共通通貨「ユーロ」実施
二〇一一	**メルケル政権、脱原発を決定**

岩波ジュニア新書の発足に際して

きみたち若い世代は人生の出発点に立っています。きみたちの未来は大きな可能性に満ち、陽春の日のようにひかり輝いています。勉学に体力づくりに、明るくはつらつとした日々を送っていることでしょう。

しかしながら、現代の社会は、また、さまざまな矛盾をはらんでいます。営々として築かれた人類の歴史のなかで、幾千億の先達《せんだつ》たちの英知と努力によって、未知が究明され、人類の進歩がもたらされ、大きく文化として蓄積されてきました。にもかかわらず現代は、核戦争による人類絶滅の危機、貧富の差をはじめとするさまざまな人間的不平等、社会と科学の発展が一方においてもたらした環境の破壊、エネルギーや食糧問題の不安等々、来るべき二十一世紀を前にして、解決を迫られているたくさんの大きな課題がひしめいています。現実の世界はきわめて厳しく、人類の平和と発展のためには、きみたちの新しい英知と真摯《しんし》な努力が切実に必要とされています。

きみたちの前途には、こうした人類の明日の運命が託されています。ですから、たとえば現在の学校で生じているささいな「学力」の差、あるいは家庭環境などによる条件の違いにとらわれて、自分の将来を見限ったりはしないでほしいと思います。個々人の能力とか才能は、いつどこで開花するか計り知れないものがありますし、努力と鍛錬の積み重ねの上にこそ切り開かれるものですから、簡単に可能性を放棄したり、容易に「現実」と妥協したりすることのないようにと願っています。

わたしたちは、これから人生を歩むきみたちが、生きることのほんとうの意味を問い、大きく明日をひらくことを心から期待して、ここに新たに岩波ジュニア新書を創刊します。現実に立ち向かうために必要とする知性、豊かな感性と想像力を、きみたちが自らのなかに育てるのに役立ててもらえるよう、すぐれた執筆者による適切な話題を、豊富な写真や挿絵とともに書き下ろしで提供します。若い世代の良き話し相手として、このシリーズを注目してください。わたしたちもまた、きみたちの明日に刮目《かつもく》しています。（一九七九年六月）